成功を習慣化する3つの記憶

THE THREE MEMORIES:
Golden Rule of Success

Yokoyama Nobuhiro
(株)アタックス・セールス・アソシエイツ代表取締役社長
横山信弘

ポプラ社

成功を習慣化する3つの記憶

プ ロ ロ ー グ

成功をもたらす
3つの記憶装置

prologue

「夢はいつか必ず叶う」
「成功は引き寄せられる」

多くの成功した実業家やトップアスリートたちがよく口にする言葉です。
ところが現実的には、どんなに念じても夢を叶えられない人がいます。
その一方で、信じていなくても成功を引き寄せられる人もいます。

すべての夢を100%叶えるというのは無理です。
しかし、夢や願望が実現する「可能性」をアップさせることは、
確実にできます。

では、そのための手段や情報、知識はどこにあるのでしょう?
その場所を特定し、効果的に活用できれば、
夢や願望の実現、目標の達成に大きく近づくと思いませんか?

なぜならそれは、宝のありかを記した地図を
手に入れるようなものだからです。

本書では、成功に必要な情報や知識が格納されている
3つの記憶装置について解説していきます。
キーワードは「短期記憶」「長期記憶」「外部記憶」。

しかるべきタイミングで、
しかるべき記憶装置にアクセスすることにより、
あなたは、あなたの描く夢物語の道しるべを
手にすることができるのです。

成功を習慣化する3つの記憶　目次

第2章 「3つの資産」で成功の土台を築く
——脳の中に一枚の宝の地図を描けているか

第4章 「仲間の記憶」を味方につける
——なぜ関係資産が整うと加速度的にうまくいくのか

第5章 「3つの記憶」で成功のお花畑を作る
——あなたにとって、本当の幸せとは何か

ブックデザイン
長坂勇司（nagasaka design）

第　1　章

「3つの記憶」の役割

――なぜ現代人はチャンスを引き寄せられないのか

引き寄せの法則は再現可能か

「念ずれば夢は叶う」

誰もがこの言葉を、一度くらいは聞いたことがあるでしょう。日頃から自分の夢を念じていれば、それは必ず叶う。そんな意味の格言です。

ただ、実際のところはどうでしょう。

「現実はそうそう甘くない」

「そんな都合のいいことがあるわけがないでしょう？」

「結局、夢は夢のままで終わるんだよ」

多くの人は、あまりこの格言を信じていないかもしれません。

ただ、私は、どんなときでも「再現性」というものを考えるようにしています。そして、「再現性」という点で考えたとき、この「念ずれば夢は叶う」という現象は、「本当にそうなるものだ」と確信しています。

とは言え、「念ずれば夢は叶う」のままでは、どこかスピリチュアルな話に聞こえてしまうでしょうから、この本ではこの格言を「引き寄せの法則」という言葉に置き換えて、論理的に解説していくことにします。

「引き寄せの法則」――この言葉は、世界中で7000万部以上売れている、ナポレオン・ヒルの大ベストセラー『思考は現実化する』に出てくる法則です。

何らかの実現したい願望を細かく、そして強く念じていることで、その願望が現実化する。しかも、あたかも自分のもとに成功が引き寄せられるかのように願望が実現していく。これが、彼の言う「引き寄せの法則」です。

もちろん、世の中のすべての人の願望が実現するわけではありません。仮に実現したら、それこそ世界は大変なことになってしまうでしょう。だからここで言う「現実化」は、その夢が結実する可能性が高まるということです。

「高まるだけ」と簡単に言いましたが、夢の実現が現実味を帯びてくるのですから、これほど魅力的な法則は他にないと思います。

では、いったいどうすればこの「引き寄せの法則」を再現できるのでしょう。

再現の鍵は、脳の記憶装置である「ワーキングメモリ」にあります。

意識を司る「短期記憶（＝ワーキングメモリ）」

人は普段から、３つの記憶装置を使って情報を処理しています。

１つ目が「短期記憶」、２つ目が「長期記憶」、３つ目が「外部記憶」です。

まず、１つ目の**「短期記憶」**。**これは別名「ワーキングメモリ」**と言います。

脳という記憶装置が情報を処理しようとするとき、処理するためのデータが必要です。そして、そのデータが頻繁に使うものであればあるほど、いつも近くに置いておいたほうが便利です。

そのいつも使いたいデータを格納しておく場所こそ、短期記憶。

何かを見たり、聞いたり、人と話したりといったときに、考えなくてもパッと言葉や回答が出てくることがあります。それは、そのデータがしょっちゅう使うものであり、短期記憶に常駐しているからです。

私はよく料理をするので、私のキッチンを例に挙げてみましょう。料理のときによく使う包丁やまな板、それにフライパンといった調理道具はすぐに取り出せるところに置いてあります。

一方、中華鍋などは本格的に中華料理を作るときぐらいしか使わないので、表に出ているとかえって邪魔になりますね。だからすぐ手に届く場所というよりは、棚の、それも高いところなどに収納します。

調味料も同じです。塩やコショウ、醤油などは頻繁に使うので、すぐに手が届くところに常備していますが、オイスターソースなどはたまにしか使わない。調味料ケースでも、奥まったところに置いたままであることが多いでしょう。

何でもかんでも近くにあると、かえって手元がごちゃごちゃしてしまい、料理がしづらくなるから、私は必要なものだけをそばに置いておきます。多くの人もきっとそうしていることでしょう。

これは脳もまったく同じ。すぐにアクセスする、すぐに処理する必要性のあるデータは短期記憶に格納されます。しかも、そこに入っているデータはいつも近くにあるわけですから、あなたは常にそれを意識することになります。

「あなたの名前は？」「あなたの生年月日は？」「あなたの家族は何人？」と尋ねられても、ほとんどの人は即答することができるでしょう。これは「ワーキング」、まさにＩＮＧ（現在進行形）でいつも情報が処理されているからです。
このように、常に意識し、常に処理されるデータの置き場所が「短期記憶」、つまりは「ワーキングメモリ」なのです。

考えるための知識を蓄積する「長期記憶」

2つ目の**「長期記憶」は、長い歳月をかけて蓄積してきた知識の図書館**のようなもの。

人は何か情報を処理しようとするとき、真っ先にいちばん近場の短期記憶にアクセスしようとします。そこに答えが入っていれば万事解決なのですが、もしそこに求めるデータや答えが入っていないとき、次にアクセスするのは、自分の過去の体験や知識が詰まった「長期記憶」です。

「考える」とは、この長期記憶にアクセスするプロセスを指します。

先ほどのキッチンの話を思い出してください。もし急に中華料理を作ることになったとき、まず、私は中華鍋をどこに仕舞ったかを思い出さなければいけませんね。そ

して、

「そういえば、味付けにはオイスターソースを使わなければ。確か以前、買ってあったはずだけど、どこに置いたたっけ……」

という具合に、記憶をたどりながら使う調味料を探します。

同じように、ある仕事を片付けようとしたとき、すぐにやり方を思いつけばいいのですが、具体的なやり方がなかなか出てこない場合、

「どうすれば良かったのだろう？」

「確かこういうやり方があったのではないか？」

と、ぐぐっと考える。これが長期記憶の役割です。

ただし、長期記憶は脳の中でも深部に位置しているため、どこか海と似ています。蓄積しているデータは膨大ですが、いかんせん広いし深い。短期記憶のように、どこに何があるのかすぐには探し当てられないし、簡単に引っ張り出せる場所にもありません。そこで必要になるのが手がかり、つまり**具体的な「切り口」**です。

たとえばダイエットをするとき。「ただ痩せたい」と思っているだけでは、何もいい方法は思いつきませんよね。ここで、脳に切り口を与えます。食事、運動、睡眠、

ストレスなど、いろいろな切り口を思いつくでしょう。試しにこの中から、「食事」という切り口を投げ与えてみたとします。

「えーっと、食事では何に気をつけるべきだっけ？　そういえば、以前読んだ本にフルーツを食べるといいと書いてあったな」

漠然と「痩せたい」と思ったときよりも、具体的な切り口があることで、よりピンポイントにデータを引っ張り出せるようになりました。

この切り口は、具体的で絞られていればいるほど効果的。いわば、細い管を水の入ったタンクに差し込むのと同じ原理です。管がきゅっと細いほど、水はピュッと勢いよく飛び出し、遠くまで飛んでいけます。逆に、管が太くなればなるほど、流れる水はダラーッとして勢いがなくなり、求める答えまでたどり着けなくなってしまうのです。

つまり、短期記憶が、他人から言われなくても勝手にアクセスし、処理されるデータの置き場所だとすれば、長期記憶は切り口を与えられることで、ぐぐっと考え、ほしいデータを探しにいく場所なのです。

いざというときのインデックス「外部記憶」

短期記憶と長期記憶は自分の脳の中にあるものでしたが、3つの記憶装置のうち、**最後の「外部記憶」はあなたの脳の外側にあるものすべて。**短期記憶にも長期記憶にも入っていないもの、すべての情報を指します。

短期記憶にデータがない、長期記憶にアクセスしても見つからない。こうなると人は、今度はその答えを教えてくれそうな誰かに相談したり、答えを探すために勉強するなどの行動をしたりします。

この、自分以外の誰かや本や資料などを参照することが、外部記憶にアクセスするという行為です。資料やデータベース上に存在するものもこれに当てはまりますし、インターネット上の情報もすべて外部記憶。ある特定の分野に詳しい専門家、あなたのデスクの前に貼ってあるメモだって該当します。

たとえば私が、たまたまスペイン料理店で食事をして気に入ったので、家でもスペイン料理を作ってみようと思ったとします。でも、困りました。スペイン料理など一度も作ったことがないし、パエリア用の鍋だって持っていない。

こうなると、本やインターネットなどで作り方を調べなければなりません。鍋だって買うか、すでに持っている人から借りる必要があります。

「とりあえず本屋さんでスペイン料理の本を買おう。そういえばAさんは以前、スペインに住んでいたっけ。もしかしたら器具とか持っているかもしれない」

早速、友人のAさんに電話をします。

このとき、料理本もAさんも、あなたにとっては外部記憶です。

自分であれもこれもと何でも体験するのは大変ですし、限界があります。いろんな知識も身につけたいし、勉強もしたいけど、何でもかんでもとはいきません。

しかし、そういう経験をすでにしている人がいれば、もしくはそれについて書かれた記録があれば、それを参照することはできる。つまり、**すべてを知っておく必要はないのです。**

外部記憶は、探したときにすぐに見つかる状態であることが極めて重要。大切なメモはいつも目にするデスクの前に貼っておく、自分が体験したことがない経験を持つ人にはすぐに連絡をとれるようにしておく。このように、自分の欲する情報がすぐ手

3つの記憶装置

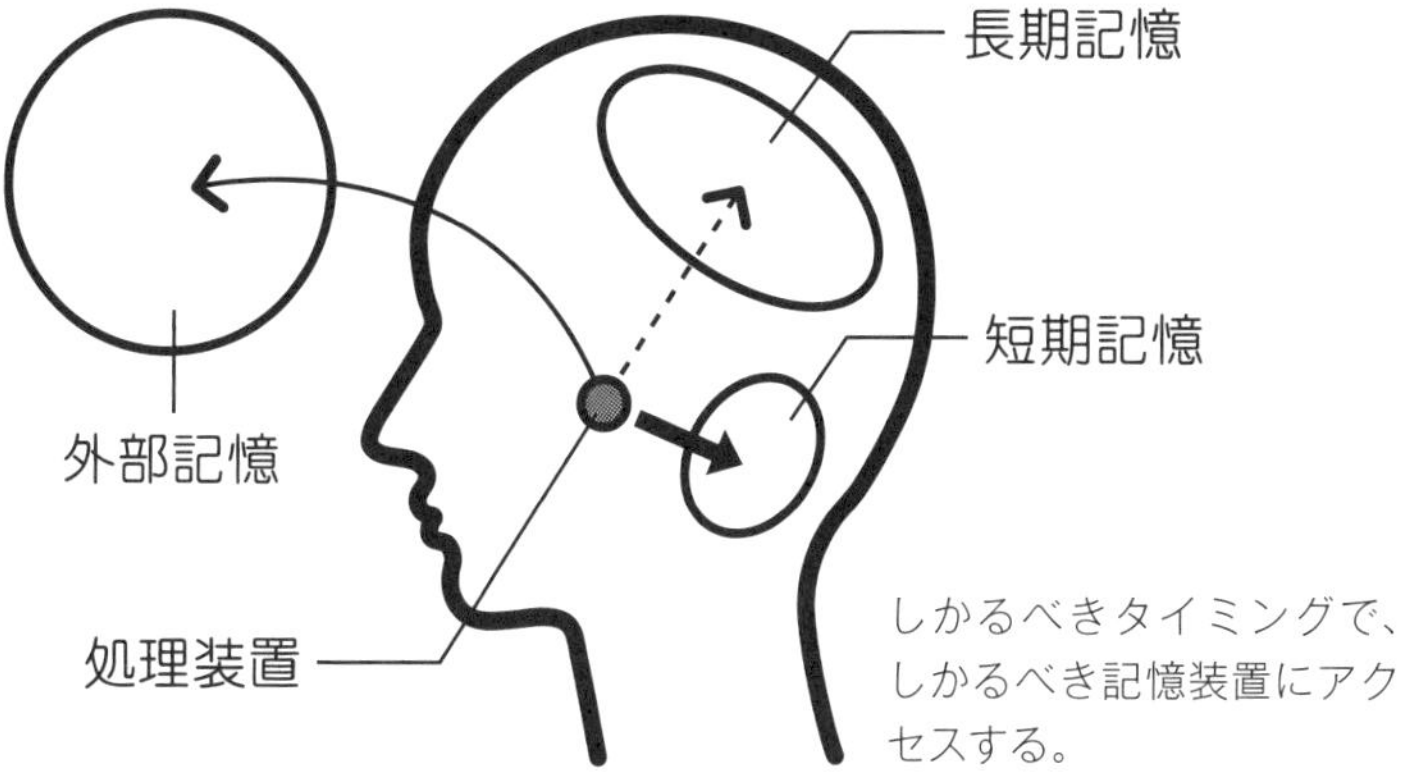

に入る環境を、常日頃から整えておくことが大切です。

外部記憶として願望をアウトプットする

では、3つの記憶装置の役割を理解したところで、再び「引き寄せの法則」に戻ることにしましょう。

いったい、この3つの記憶装置をどのように活用していけばいいのでしょうか。

「引き寄せの法則」を体現する第一歩として、**まず実現したい願望を紙などに書き出してみましょう**（巻末特典の「大量アイデア用メモ」をご活用ください）。

ここで重要なのは、できるだけ詳しく書

き出すこと。書いたものを口に出すなど、五感をフルに使って表現すればなおさらいいでしょう。

たとえば、

「あなたの実現したい願望は何ですか？」

という質問に対し、

「そうですね、とりあえずお金持ちになりたいです」

と、書き出したとします。これでは「引き寄せの法則」は稼働しません。

では、「グローバルに活躍することです」はどうか。これでもまだ不十分。なぜなら、願望に具体性が欠けているからです。目指すものが抽象的過ぎると、抽象的な手段やプランしか出てこなくなります。

「それを実現するためにどうするの？」

と尋ねられたとき、

「いやあ、やっぱり自分を磨くことですよ」

というような、漠然とした受け答えしかできなくなるのです。これでは、何の行動にもつながりませんよね。

願望はできるだけ具体的に書き出すようにしましょう。 たとえば、

「私の実現したい願望は、お金持ちになることです。私が考えるお金持ちとは、年収1億円の状態を10年以上続けることです。5年以内に年収1億円までは到達し、それから海外のどこかで不動産を購入します。そこに学校や病院を建てて、何らかの事情で困窮している人たちの役に立つような事業をはじめます。また、海外サッカーが好きなので、1年の半分はヨーロッパリーグを観戦して回り、そこで知り合った人と朝までサッカーについて熱く語り尽くすような生活を実現させます。そのときには3か国以上の外国語を流暢に操れる人になっているので、世界中に友だちもたくさんいるはずです」

……現在年収300万円、24歳の会社員がこんな願望を語ったとしたらどうでしょうか。

「バカなことを言ってないで現実を見ろ」

「世間しらずのくせに青臭い夢など語るな」

このような言葉を浴びせられるかもしれません。

私は、このような人たちを**「ドリームキラー」**と呼んでいます。彼らは、願望を実

現する際の障がい物以外の何者でもありません。後ほど詳述する「良い仲間」以外には、このメモは見せないようにしましょう。

ここまで詳しく書き出すのはすぐに無理でも、程度はどうあれ、「引き寄せの法則」は、実現したい願望を具体化することからはじまります。これが最初のステップです。

そして、**この願望を細かく書き出したメモが、あなたの外部記憶**となります。

長期記憶へ願望のデータを転送する

あなたの願望は今、外部記憶として目の前に格納されています。でも、このままでは、この願望は外部記憶のまま。あなた自身の脳では処理されません。

そこで、次にすべきなのは**長期記憶にこのデータを転送すること**。つまり、メモを見なくても書き出した願望をいつでも抽出できるようにすることです。

「あなたの実現したい願望は何ですか？」

と聞かれたとき、

「ええと……何だっけ。詳しくはメモに書いてあって……見ればわかります」

と、最初はうまく出てこないかもしれません。しかし、メモを見ることで、

「ああ、そうそう！　私の願望はこれです！」

と、書いた内容は思い出せます。見て、思い出す。これを繰り返すうちに、メモを見なくても言えるようになっていくのです。

「ええと……私の願望は、自分の年収を1億円以上にすることです。それから海外で不動産取引をします。それは、ええと……今から5年後のことです」

いったん長期記憶に格納されれば、**「願望」という切り口を与えるだけで、メモを見なくても考えながら口にできる**ようになります。これが、長期記憶へデータの転送が完了した合図です。

ただ、この状態でもまだ、「引き寄せの法則」には足りません。

長期記憶に転送したデータを常に処理状態にするため、今度はワーキングメモリに転送する必要があるのです。

ワーキングメモリに願望を常駐させる

今のあなたは、「実現したい願望は何ですか?」と質問されたとき、「ええと、そうですねえ……」と考えながら口にしている状態です。

問われるたびに長期記憶にぐぐっとアクセスし、引っ張り出そうとしています。つまり、意識的に自問自答しているわけです。

この自問自答を何度も繰り返す**「自問自答プロセス」**こそが、「願望」という名のデータを長期記憶からワーキングメモリである短期記憶に転送する手助けをしてくれます。これは非常に重要なポイントです。

ワーキングメモリにデータの転送が完了すると、質問にも即答できるようになります。長期記憶にアクセスする必要がなくなるからです。

「稼ぐ年収は1億円を超すのが目標。海外不動産投資をし、3か国以上の言葉を話し、地元の恵まれない人たちのために尽くしたい」

条件反射のように出てきます。もちろんこの自問自答、一度やったぐらいでは短期記憶に留めることはできません。

「私はどんな願望を持っているのか？」

「どんな夢を実現したいのか？」

1日に1回程度の自問自答であれば1か月ぐらいかかるでしょう。1日に10回、20回と、誰かに話したりメモに書いたりしていれば1週間ぐらいでいいかもしれません（巻末特典の「ワーキングメモリ転送用メモ」を活用しましょう）。

重要なのは、何度も何度も、しつこいぐらいに、飽きるぐらいに問い続けること。

そうするうちに、いつしか目的のデータがワーキングメモリ内に「常駐」するのです。いったんワーキングメモリにデータが常駐すればしめたもの。常にそのデータを想起して、脳が処理しようとしはじめます。

まさに、脳が願望実現に向けて「意識しはじめる」状態。

「引き寄せの法則」は、この状態になって初めて発動するのです。

潜在意識を味方につけることで何が起きるか

この状態は、「潜在意識を味方につけている」状態とも言えます。

長期記憶に入っていたときとは違い、脳が願望実現を意識して常にグルグル回転しはじめる。ＩＮＧ、つまり現在進行形での運行状態に変わったため、脳の感度が急激にアップします。目にするもの、耳にするものを漏れなくキャッチして、勝手に目的に見合った情報を処理しようとするのです。

テレビを観ているときでも、歩いているときでも、誰かと飲んでいるときでも、常に脳がデータを処理し、自分が意識している願望を叶えた姿（＝願望イメージ）を実現するために必要な情報を収集しようとします。

「テレビのニュースで、不動産事業で成功した人を取り上げていた」

「海外で恵まれない子どもたちを支援している経営者の会があるようだ」

「不動産」「海外」、そのようなキーワードを敏感にキャッチしはじめます。

夢にまで出てくることもあるでしょう。まさに「寝ても覚めても」という状態。それこそ、誰かのことを好きになり、明けても暮れてもその人のことを想ってしまう恋愛状態のようなものです。

もしも「寝ても覚めても」という状態になっていないのであれば、もう一度「自問自答プロセス」に戻りましょう。目先のことで頭がいっぱいになり、夢や願望イメージを意識している暇などない、という状態が続くと、ワーキングメモリが現実の様々な雑事や願望の実現に関係のないことを直視しはじめてしまいます。

ですから、何度も何度も、しつこいほどに、飽きるまで、問い続けるのです。「自分の目標は何か?」「叶えたい夢は何なのか?」と。そして具体的なイメージ、プランを口に出しましょう。メモに書きましょう。このプロセスを惜しまないことです。飽きずに繰り返すことで、潜在意識を味方につけることができます。すると、あなたの行動も大きく変わります。

自然と体が動くようになるのです。

「不動産の知識はそこそこあるが、海外の事情にはまだまだ疎《うと》いな」となったとき、あなたの脳に空白が生まれます。長期記憶にアクセスしても、これまでの知識や経験がないので求める答えが見つからないからです。

この「情報の空白」とでも言うべきものを目の前にしたとき、人はその空白をとにかく埋めたいと思って行動します。海外の事情に詳しい人に直接話を聞きに行ったり、関連する講演会や勉強会にも積極的に参加するようになったりします。関連書をむさぼるように読むようにもなります。

これは、願望イメージがはっきりしているからこそ生まれる行動です。なぜなら、イメージがアバウトなままだと、今の自分に何が足りないのか、その空白までもがぼやけて見えないから。

何にせよ、願望がワーキングメモリに常駐することで、そのために必要なデータを取りにいきたくなる、自然に行動したくなるわけです。こうした行動の結果、徐々に願望イメージの実現に必要なデータが脳に蓄えられていきます。

この状態になると、もはや努力を努力だと思わなくなります。頑張ろうと思って頑張らなくても、信じられないほどフットワークが軽くなり、今まで無理だと思っていたことすら難なくできるようになります。

しかも、自分では行動しているという意識はありません。むしろ、気づけば向こうから情報がやって来たと錯覚するようにすら感じるので、ストレスも感じない。

この状態こそが、「成功が引き寄せられる」ということ。つまり、**夢や願望が自分のほうへ引き寄せられるのではなく、ワーキングメモリに願望が常駐されたことで、自分自身がその願望イメージに引き寄せられるほど行動するようになる。**

これこそが「引き寄せの法則」の真相であり、再現方法なのです。

ワーキングメモリに余裕がない現代人

言葉で説明すれば、簡単そうに思えるかもしれません。

ところが、高度情報化時代になった今、あまりにも情報が増え過ぎて、多くの人がその洪水に押し流されてしまっているのが現実です。

では、高度情報化の何が問題なのか?

短期記憶であるワーキングメモリ内に、種々雑多な情報が蓄積されてしまうこと。雑多な情報とはつまり、願望の実現には不必要な「ノイズ」のことなのです。

よく精神的な余裕がないと言う人がいますが、これはまさにそのせい。

実際、願望を実現するために何も行動していないのにもかかわらず、なぜか忙しい忙しいと感じてしまう。目の前のことに対処するだけで「いっぱいいっぱい」になってしまうのです。

実は、脳には、あるものに焦点を当てはじめると、他のことに焦点が合わなくなる**「脳の焦点化」**という原則があります。

たとえば今、転職を考えているとします。「転職したいな、転職したいな」と思っていると、「転職」というキーワードに焦点が当たっていきます。新聞を読んでいると求人広告ばかりが目につくし、書店に行くとついつい転職の本が気になる。街を歩いていても、「○○を急募！」というポスターがいつも以上に目につくようになる。

「あれ、何だか最近、転職関連の情報が増えたなあ」

そんな風に思うかもしれません。でもこれは、今までも普通に存在していたもの。「転職」を意識していなかったため、目に入っていなかっただけです。

「転職」というキーワードがワーキングメモリに常駐し、意識されたことで、関連情報がどんどん入ってきて、あたかも情報を「引き寄せている」ような錯覚を起こしただけなのです。

大きな仕事を成し遂げた人たちが晩年、

「仲間たちとの出会いがなかったら、私の事業は間違いなく成功しなかった」

「出会いに恵まれた私は運が良かった」

と振り返ることがあります。

これも、ただ運が良かったわけではありません。

「願望を実現させること」に焦点が合っていたから、それに手を貸してくれる人たちを自分自身が引き寄せた。否、引き寄せるように自分が動いたのです。

このように、適切な情報をワーキングメモリに入れることが必要なのですが、そこがノイズで詰まってしまうと、大事なことに焦点が合わなくなってしまいます。

願望実現にとって不必要なデータは一掃し、本当に必要な情報だけに整理することが、成功するためには必須なのです。

常に「いっぱいいっぱい」な人が今すぐやめるべき習慣

では、どうしたらワーキングメモリ内を整理し、余裕を持たせることができるのでしょう。当然、ワーキングメモリに溜まった無駄なデータ、言うなれば「思考ノイズ」を削除していかなければなりません。

でも、そもそも思考ノイズは何が原因で発生するのでしょうか？

思考ノイズの多くは、「あれもやらなければならない」「あれもまだできていない」「これって、そもそもどうしてやる必要があるんだっけ？」といった不平、不満、不安といった類のものです。

みなさんも、日ごろからこうしたことを口にしたり、考えたりすることがありませんか？　そして、そういう場合はたいてい、目の前のやらなければならない仕事を「先送り」しているときのはず。

やらなければならないことを先送りすると、その瞬間はストレスから解放されたかのような気分になります。しかし、それはほんの一瞬だけ。いずれはしなければならない仕事なのですから、**「いつかやらなければ」という思考ノイズがずっと頭の中に滞留する**ことになるのです。

「ぐだぐだ」「うじうじ」「ごちゃごちゃ」「あーだこーだ」といった思考ノイズは脳の中で乱反射し、ワーキングメモリに悪影響を及ぼしていきます。

新しい情報を蓄えることができなくなり、脳の処理能力が低下する。論理的に物事を考える余裕も自然となくなります。こうして、正常にデータ処理ができないために、ますます目の前のやるべきことに着手できない「先送りスパイラル」に陥り、ストレスがどんどん溜まっていくのです。

逆に、「すぐやる」習慣がある人は、思考ノイズが溜まりにくく、ワーキングメモリにいつも一定の余裕があるために、脳が適切な処理をしようとします。

「どうせいつかやることだから、今すぐやったほうが効率的だ」

「これなら20分で終わる。すぐにやれば気分もいい」

と、論理的に考えることができます。

結果、仕事ができる人ほど、スケジュールに余裕がなくても、ワーキングメモリには余裕があるために、ストレスを溜めることなく膨大な仕事量をこなすことができるのです。

ぜひとも今日から、先送りの悪しき習慣をやめ、**「すぐやる習慣」**を身につけてください。そうすれば、常にワーキングメモリをクリーンな状態に保つことができます。

一流の人ほど体調管理を大切にする理由

脳のワーキングメモリは、パソコンやスマートフォンと同じ。定期的に不要なメモリを解放しないと、動作が極端に重くなります。空き領域がなくなれば、当然ですが脳の処理スピードも落ちていきます。

一般に、仕事ができる人や一流の人を、「頭の回転が速い人」と表現することがありますが、これはまさに文字通り。そういう人は本当に脳の処理スピードが速いのです。しっかりと**ワーキングメモリに空き領域がある**のです。

一方、「仕事をやりたくない」「面倒くさい」「モチベーションが上がらない」といった思考ノイズを溜め、日常生活や仕事における不平、不満、不安を感じている人は、負のスパイラルに陥っていきます。

これは何も精神面だけの話ではありません。体調面も大きく影響してきます。どんなに性格がポジティブな人でも、「頭が痛い」「お腹が痛い」「寝不足で疲れが溜まっている」となれば、おのずと思考ノイズが増えてきてしまいます。

体調管理で重要な三大項目は「食事」「運動」「睡眠」。ワーキングメモリの処理能力を考えると、この三大項目にはくれぐれも留意すべきです。一流の人ほど体調管理を大切にする、は真実の一面でしかありません。体調管理が適切になされているからこそ、ワーキングメモリに余裕が生まれ、一流のパフォーマンスを発揮できる、とも考えられるのです。

いずれも個人差があるので、自分にとってどのような状態が最適なのかを把握し、常に体調管理に気を配ることをおすすめします。

テレビやニュースに出てくる成功事例に再現性はない

よくテレビで、型破りな経営で大成功した企業や経営者の成功談を報じる番組を目にします。常識では考えられないアイデアを出して成功した話ですから、観ていて面白い。つい参考にしたいと思い、憧れてしまうことでしょう。

ユニークな手法で成功した人の話は注目を集めやすいです。テレビや雑誌なども、話題性があるので取り上げます。そしてメディアでの露出が増えれば増えるほど、そのユニークな手法こそが成功の条件だと勘違いする人も増えていく。

正直言って、これもノイズです。

特に、私が「ノウハウコレクター」と呼ぶような人たちは、目新しい手法やメソッドには目がなく、いの一番に飛びつきます。すぐに「斬新なビジネスモデル」だと称賛し、一方で、昔から伝えられている定番的なやり方を軽んじる傾向があります。でも本当にそうなのか、やはり冷静に見ていく必要があるでしょう。

そもそもメディアがユニークな成功事例を取り上げるのは、単純に珍しいから。経営がうまくいっている企業が１００社あったとして、そのうち１社しかやっていないことだから面白いのです。

１００社のうち70社が実践して成果を出している、いわゆる「再現性」のある取り組みがあっても、メディアにとってはあまり美味しい話ではありません。普通は大きく取り上げないものです。

テレビや雑誌で紹介される奇抜な成功事例はあくまで楽しむためのニュースであって、参考にはなりません。この本を手に取っているみなさんは、程度の差はあれど、確実に成功をつかみたい、願望を実現したいと思っているはず。

だとしたら、確実に結果を出せるかどうかが最も重要なはずです。「再現性」という点において、昔ながらのメソッドほど優れているものはありません。目新しさは確かにありませんし、ノウハウコレクターの人たちの目も引かないかもしれません。でも、「再現性」があるからこそ、時代を超えて使われ続けているのです。

このことから目を背けてはいけないと私は考えます。

「キラキラワード」に飛びついて脳を空回りさせない

その意味では、「キラキラワード」にも要注意です。

読みづらい名前や、常識的に考えがたい言葉を用いた珍しい名前は「キラキラネーム」と呼ばれます。感覚的に「キラキラ」しているような名前が多いからでしょう。

でも、名前にかかわらず、ビジネスから日常生活にいたるまで、そうした「キラキラ」感覚の言葉が横行しているのが現代社会です。それを総称して、私は「キラキラワード」と呼んでいます。

たとえば、こんなキャッチコピーです。

「頑張らなくてもうまくいく」
「楽しいと思える仕事を見つけろ」
「心の底からやりたいと思えることだけやればいい」
「1％のことを変えるだけで成功する」

どれも、よく言われるセオリーからすると逆説的な内容なので目を引きます。こんな風にして成功できたら、本当に素晴らしいと思うでしょう。

でも、私に言わせれば、いずれも綺麗事《きれいごと》＝キラキラしています。小さな労力で大きな成果を手に入れたい、楽してお金儲けしたいという「射幸心《しゃこうしん》」を煽るワードのように聞こえます。

何か目標があり、それを成し遂げたい、達成させたい、そして安定的に結果を出したいのなら、膨大な数の実践と試行が必要です。仮説を立てて、実行し、その行動によってどれくらいのリターンを得られるかの検証は常に求められます。なぜなら、仮説を立てて実行したとしても、必ずうまくいくということはないから。

「大数《たいすう》の法則」という言葉があります。これは、数多くの試行を実践することで、経験的確率が理論的確率に近づいていくという法則。サイコロを振り続けるうちに、それぞれの目の出る確率が6分の1に近づいていくのと同じです。

つまり、**少量の試行や短期間の実践で、あなたの仮説やプランが正しいかどうかは決めつけられない**のです。

成功を手にした経営者もトップアスリートも、そこに至るまでに歯嚙みするほどの試行錯誤をした過去や歴史を持っています。膨大な試行と実践の果てに、理論的確率を導き出し、その結果としてシンプルな方法論に落ち着いたのです。それを真似したからといって、すぐに期待した成果が出ることなどありません。

ちょっとしたエッセンス、軽やかなメソッドで、運良く成果を手にしたとしても、それは「たまたま」。再現性のないことであり、安定的な成果を生み出すことにはつながらないでしょう。

結局、うまくいくためには「綺麗事」ではなく、「泥臭い事」が多少なりとも必要なのです。「がむしゃら」や「ひたむきさ」という言葉を叫べば、今の時代、寒々しく聞こえるかもしれません。でも、それはいつの時代にも欠かせないことなのです。

キラキラワードに飛びついて、脳を無駄に空回りさせることがないよう、気をつけましょう。

「考えられる脳」を作る

「何であの人はうまくいっているのに、自分はうまくいかないんだろう？」

「何で残業は減らないんだろう？」

「どうして目標を達成できないんだろう？」

うまくいかないときほど、そんな疑問や不安を抱いてしまうと思います。

でも、そういう人たちほどいろいろ分析して、

「結局、ここが問題なのではないですか？」

と指摘すると、

「え？　そんなこと、すでに知っていますよ」

と答えるものです。

そう、**多くの人が大切なことを「すでに知っている」**。でも、それを実行していないだけなのです。もしくは、「すでに知っている」と言いながら、より効率的で楽な手法を探すことに苦心するあまり、自分ひとりではその「すでに知っている大切なこ

「考えられる脳」とは？

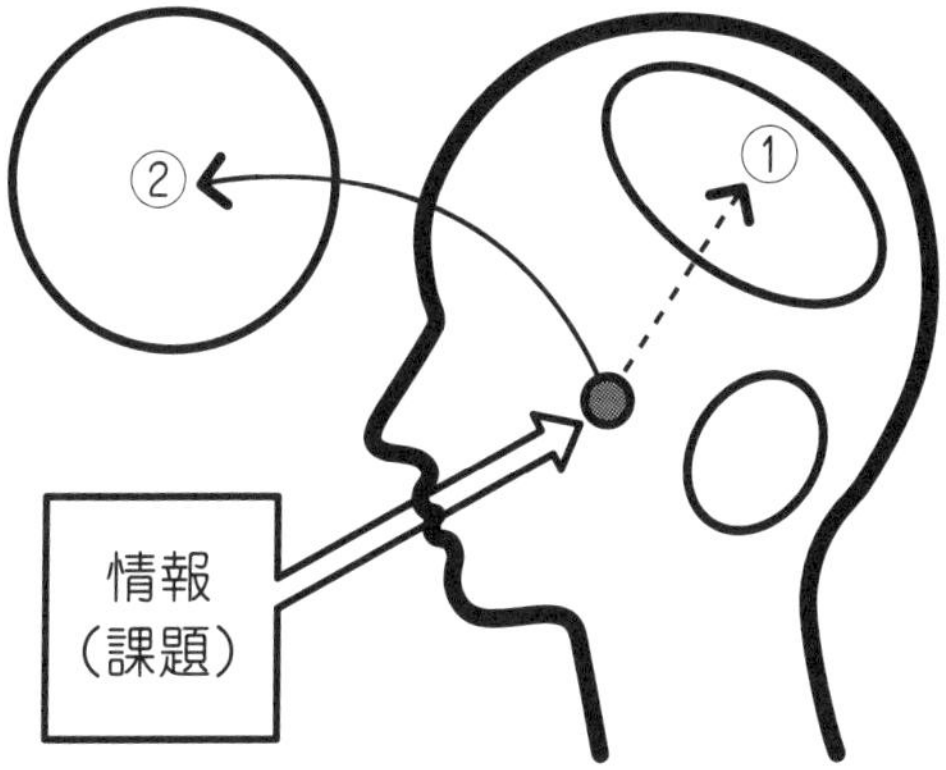

情報（課題）のインプットがあったとき……
①長期記憶の深部にアクセスできる。
②適切な外部記憶に答えを探しにいける。

と」にたどり着けないでいるのです。

「よくよく考えたら、そうだよね」

と、口癖のように言う人がいますが、そういう人ほど実はよく考えていません。

成功をつかむためには、自分の頭で考えてみることが不可欠。復習になりますが、考えるとはすなわち、脳の長期記憶にアクセスすることです。広大な長期記憶という海を深くまで潜り、自分の頭で問題の原因や解決のヒントを探ってみてください。

問題がどこにあるかが自分でわかるようになると、おのずとその問題の解決策も導き出すことができるようになるでしょう。たとえすぐに問題解決とならなくても、可能性は広がっていくのです。

とにかく、他人から言われる前に、まずは自分で考えてみる。
あなたに必要なのは、**「考えられる脳」**です。

第　2　章

「3つの資産」で成功の土台を築く

――脳の中に一枚の宝の地図を描けているか

成功をつかむための「3つの資産」

この章からは、成功を引き寄せるための「土台作り」についてお話ししていきます。

まず、私は成功の条件として**「3つの資産」**を手に入れる必要があると思っています。

3つの資産とはすなわち、

①金融資産
②関係資産
③自分資産

のこと。

1つ目の金融資産とは文字通り、**お金**です。「大金持ちになる」など、ある意味わかりやすい成功の形だと思います。

2つ目の関係資産は、家族、ビジネスパートナー、友人、地域の住民など、**あなたを取り巻く他者との良好な関係**のこと。人はひとりでは生きていけない生き物です。周囲の人たちと良い関係をいかに築けるか、多くのネットワークをいかに持つことができるかは大切でしょう。

そして、３つの資産の中で最も重要なのが、３つ目の自分資産。これは、**知識、体験、能力といった自分自身がこれまで培ってきた資産**を意味します。この自分資産を築いていくことにより、成功するためのチャンスをつかむことができ、結果的に成功を引き寄せることができるのです。

「無意識的有能状態の領域」を拡張せよ

この自分資産を築く上で重要なのが、「無意識的有能状態の領域」を増やすことです。聞きなじみのない言葉かもしれませんが、無意識的有能状態とは「ある物事を意識しなくてもできる状態」を指します。

たとえば、初めてクルマを運転するときのことを想像してみてください。どうしても緊張し、大きなストレスがかかってしまうでしょう。急ブレーキを踏むことだってあるかもしれません。ところが、何度も運転しているうちに、だんだんと操縦にも慣れ、他のことを考えながらでも運転できるようになりますね。

この状態こそ、無意識的有能状態。意識しなくてもできることが増えれば、多くのことをストレスなくできるようになるのです。

ワーキングメモリは意識を司ると第1章で述べましたが、この無意識的有能状態はある意味その先にある理想の状態。いわば、意識しなくても体が覚えてしまっている状態です。

この領域を増やすことで、成功の階段を一歩ずつ上がっていくことができます。あなたが成功を手に入れたいのであれば、一歩一歩着実に階段を上がっていくしかありません。

夢や希望を途中で諦めてしまう人は、たいていステップを一気に飛び越えようとし、うまくいかずに挫折してしまう場合が多い。万が一、うまく飛び越えることができたとしても、簡単に成功を手に入れてしまうと、そこで手にした成功以上のものを失ってしまうものです。

この本で目指すのは、偶然の成功ではありません。必然の成功です。

そのための土台を確実に作っていきましょう。

脳の中に一枚の宝の地図を描いていく

成功者や結果を出せる人になるためには、「考えられる脳」を手に入れることが重要だと第1章の最後で述べました。

考えられる脳を作っていくにあたり、あなたの脳の中にあるひとつの情景を思い浮かべてもらいたいと思います。

まだ何のトレーニングも積んでいないあなたの脳の中には、雑草がたくさん生えています。手入れもしていないので、それこそぼうぼうと生い茂っていることでしょう。当然、道などありません。

この無秩序に広がる大草原を、あなたはこれから「旅」していくのです。

雑草をかき分け、道なき道を歩いていくことになります。正直、かなり大変です。途中で歩くのをやめたいと、何度も思ってしまうことでしょう。

ただ、歩き続けるうちに変化が生まれます。何度も足で踏みしだいているうちに雑草は倒れ、次第に獣道《けものみち》ができるようになる。人が通れるほどの道ができるのです。今度は、その獣道の上に石を並べていきましょう。道は、さらに歩きやすくなります。余裕が出来たら今度は道幅も広げましょう。すると、クルマも走れるようになります。やがて道は遠くまでつながり、道が交差する場所には街ができ、おおいににぎわっていく……。

そう、あなたはこれから、雑草の生い茂る脳の中に道を引き、街を造り、一枚の地図を描いていくのです。それも、あなたが叶えたい願望、夢、成功、つまり「宝もの」を探り当てるための、あなただけの宝の地図。

自分だけの地図を、どうやって脳の中に描いていくか。どうすれば道を通し、街を拓き、地図を描いていくように、少々面倒だと思うことも実行し、脳を鍛えていけるか。それが課題です。

最初はストレスがかかるでしょうが、それを怠っていたら、脳の中は雑草だらけのまま。雑草だらけの脳では考えることはもちろん、成功を引き寄せることなど到底できません。

10代は、なぜ「旅」をすべきなのか

脳の中に地図を描いていくには、最初に**脳の柔軟性や基礎体力**をつけておく必要があります。というのも、雑草の中を歩いていくのは非常にストレスがかかることだからです。

藪《やぶ》の中では思いがけないハプニングに遭遇することもあるでしょう。そんなときに脳に柔軟さがないと、「何でこうなるの！」と反射的にキレてしまい、極端な発想や言動を取りやすい。一目散で前の場所に戻って、引きこもってしまうこともある。

逆に、脳が柔軟であれば、

「慌てるな。ちょっと待てよ、これってどういうことなんだ？」

と危機回避のためにどうすべきか、思案をはじめられます。

「このまま真っ直ぐ行くのは危ないから、迂回しよう」

「ここでしばらく待っていれば、静かになるかも」

自分で状況を判断し、考えられるのです。

では、その柔軟さはどのようにして身につけられるのでしょうか?

私は**「空間的な移動」**が効果的だと思っています。しかも、スケールの大きな空間的な移動であれば、なおさらいい。

つまり、「旅」です。旅に出る、旅をする。それも、パッケージ化された旅よりも、多少のハプニングも想定の範囲内と思えるぐらい自由で奔放な旅をするほうがいい。

旅では、普段は出会わないような土地や人との出会いがあります。これが、柔軟な脳を作るのに役立ってくれるのです。

脳研究で多数のベストセラーがある池谷裕二《いけがやゆうじ》氏は、脳の神経細胞は「地図」のようであり、「空間移動」がいちばんの刺激になると語っています。

ではいつ、そうした旅をするべきなのでしょう?

それはまだ、脳が硬直しておらず、しなやかなうち。つまり、脳の土台ができあがっていないうち。できるなら、「社会人になる前」の10代のうちに、旅をすることをおすすめします。

新たなチャレンジは社会人になってからもできますが、1週間や1か月といった大きい単位で時間を確保する旅となると、働きはじめてからではなかなかできませんからね。

「インパクト×回数」で地図に道を通す

「私、もう10代ではないんだけど、諦めないといけないの？」

という人も、もちろん大丈夫。重要なのは、脳の中に道をどうやって通すか、そのイメージをしっかりつかんでおくことです。

人の脳内には、ニューロンとシナプスといった神経細胞が互いにつながるようなネットワークが張り巡らされています。実は、道を通すとは、この脳のネットワークをどれだけ広げられるかということでもあるのです。

外部からの刺激や情報を受けたとき、ネットワークを通して電気信号が伝播します。そして**「インパクト（＝刺激の強さ）×回数」**の度合いによって、電気信号の通りやすさも、ネットワークの広がりも変わっていくのです。

新しい体験（＝刺激）を何度も繰り返せば、当たり前のことですが、電気信号の交通量は増大し、ネットワークはより広がります。道の通りがいい、つまり、脳の活性の度合いが高まるのです。

逆に、マンネリの行動ばかりしている人は同じ神経細胞しか働いていませんから、たまに新しい行動をさせられそうになると、激しいストレスを感じ、強い抵抗感を覚えます。日ごろ新しい体験をすることがないため、普段使っている以外のネットワークに電気信号が通りにくくなっているからです。

ですから、意識的にこれまで経験したこともないことを、あえて体験してみるようにしてください。いつも使っている通学路や通勤の道を、今日はちょっと変えてみる。そういう小さな刺激をたくさん積み重ねることでもいいのです。

新しさの度合いによってストレスのかかり方も異なりますが、その刺激こそが脳内に新しい道（＝ネットワーク）を作り上げます。そして、**新しい道を通すために傷ついた脳は、必ず以前よりも強くなった状態で復元されるのです。**こうして、脳の柔軟性や抵抗力はアップしていきます。

最初に脳の柔軟性を身につけられれば、脳内に描かれていく宝の地図はよりダイナミックに、より緻密に展開されることでしょう。

20代は、なぜ「仲間」を作るべきなのか

人の脳には「ミラーニューロン」と呼ばれる神経細胞が存在します。

この細胞には、近くにいる人の言動のみならず、思考までも無意識にモデリング（＝ものまね）する習性があります。

つまり、良くも悪くも人は自分の周囲にいる人の影響を受けやすく、周りの空気に感化されていくものなのです。だからこそ、考えられる脳を作るプロセスにおいて、どれだけ良い影響を与えてくれる「外部記憶」を周囲に置けるか？　が問われます。

人脈、すなわち関係資産は成功には欠かせません。自分の意識や気持ちをいつも引き上げてくれるような「良い仲間」を作ることを心がけましょう。ロールプレイングゲームにたとえるならば、道を引いた地図の上を歩き回り、力強い仲間探しをするイメージでしょうか。

良い仲間というのは、ここでは、何らかの大きな夢を叶えるために邁進している人、あるいは、高い目標や願望を実現しようとしている意欲的な人を指します。自分の夢

を叶えるために、良いアドバイスをくれる人ではなく、あくまでも自分自身の大きな目標達成のために励んでいる人のことです。

「いつしか起業して、東証一部上場の会社を作りたい！」

「年収1億円はほしい！」

「地元の東北を元気にしたい。そのためには何でもやる！」

こういった大きな目標を抱く仲間を周りに作りましょう。

その夢や願望が少々現実離れしていても構いません。社会に出て10年も20年もすれば、嫌というほど現実の厳しさを肌で感じていくものですから、できるだけ最初の目標は大きいほうがいいのです。

自分自身がまだそうした大きな目標を持てていなくても構いません。あえてこういう仲間たちと一緒に過ごす道を選択する、それだけでもとりあえずはいいのです。

社会人になったばかりのころは、多くの人が緊張しています。誰でも最初くらいはやる気もあり、ストレス耐性も高いです。さすがに、「今日から頑張ってくれよ！」と上司に言われて、「いや、頑張るのはちょっと……」と答える新入社員はいないと思います。これは転職したばかりの人でも同じですね。環境が変わると、ストレス耐性は自然と上がるものなのです。

ところが、そうした意欲ややる気は社会に出て、荒波にもまれるうちに、しぼんでしまいます。

「ああ、現実は甘くないな」

夢を見ていた人ですら、あっという間に冷めてしまうのです。

何らかの強烈な動機付けがあり、自分ひとりで意欲を持続させることができる人はいいですが、**多くの場合、意欲ややる気は上がったり下がったりするもの。**それに、周囲の人や会社の先輩から夢や希望を感じられないとなると、意欲的になろうと思ってもなかなかなれるものではありません。

ですから、こういった大きな目標に向かって頑張っている仲間は、とりわけ20代、それも社会人になって3年以内に作ったほうがいいと私は考えています。若いうちからいかに良い仲間に囲まれる環境に自分を置けるかが今後大切になってくるのです。

あなたのポテンシャルに蓋をするもの

子どものころや学生時代に抱いていた「火」を、社会に出てからもごうごうと燃やし続けることは意外に難しい。なぜなら、「水」を差すようなことを言う人が、世間には多いからです。

会社に入ると必ずと言っていいほど、妙に冷めたリアリスト（＝現実主義者）がいます。そんな人に自分の夢を語ろうものなら、冷たい水を頭からかぶせられることになるでしょう。

「何、夢見ちゃってるの？」

「もっと現実を直視して、身の丈に合ったことをやったほうがいいよ」

これは、はっきり言って「ノイズ」です。第1章でも出てきた言葉ですね。

このノイズがワーキングメモリに溜まっていくと、脳がうまく働かなくなっていきますので、用心しなければなりません。

やっぱり、子どものころに描いた夢は、どうしようもなく素敵なんです。何の汚れもないし、純粋無垢ですから、大人の目線で見ればどうしたって青臭く映ってしまうものなのです。

でも、そんな幼さや純粋さがあるからこそ、人は頑張れる。自分のポテンシャル以上のことを発揮できる。子どもの成長が早いのは、あらゆる可能性に蓋をしていないからなのです。

多くの人が、社会に出て何年か過ごすうちに、自らのポテンシャルに蓋をするようになってしまいます。でも実際は、「自分はこれくらいの身の丈が合っている」と勝手に思い込んでいるだけなのかもしれません。

45歳で「サッカーの日本代表になりたい」というのは、物理的に不可能な気がしますが、

「会社を立ち上げてお金持ちになりたい」

「自分の店を大きくしたい」

「地域貢献をしていきたい」

こうした常識の範囲内で考えつくような夢や目標を、早々に難しいと諦めてしまうのは絶対におかしいと思います。

幼いころや10代に思い描いた夢の「火」を消さずに持ち続ける方策こそが、仲間を作ることです。一度消えた「火」を灯すのは、想像以上に難しい。30代、40代と、年を重ねれば重ねるほど、点火するためのパワーが必要になります。だからこそ、できるだけ早いうちにその火を絶やさないための人脈を作っておくのです。

やる気よりも「その気」にさせてくれる仲間を作れ

良い仲間を作る際の条件として、私は「その気」にさせてくれることを重要視しています。「やる気」ではありません。

なぜ、やる気でなく、その気なのでしょう？

なかなかやる気が出ない、というときは誰にだってあります。やる気が出ている状態というのは、自分の背中を自分で押すようなもの。これは積極的に何かをしようとする情感のことですから、心身の内側から力が湧いてこない限り、意識も行動も変わりません。そして、それは意外に大変だったりします。

だからこそ私は、やる気を出す方法を探すより、その気になる方法を考えたほうが得策ではないかと考えているのです。

その気というのは、いつの間にかいろいろな人に影響を受けたり、周囲の空気に感化されたりして「そのような気持ち」になってしまうという、ある種、後付けの感情にすぎません。

それに、自分の力でやる気をアップさせること、持続させることは難しいことですが、他人の力を借りて自分をその気にさせていくのなら何とかなりそうな気がします。

やる気アップより、その気アップを心がけましょう。

もしも会社や普段所属しているコミュニティで、その気にさせてくれる仲間が見つからないようなら、その気にさせてくれるような人が集まる場所へ出かけてみるのがいいでしょう。むしろ、同じグループに所属している人よりも、そちらのほうが刺激となっていいかもしれません。

高度情報化時代の利点として、SNSなどの存在も挙げられます。そういった情報ツールを使いこなし、意欲的な人が集まるコミュニティに参加するのも手です。こういったところであれば、30代、40代の人でも気軽に新しい人脈を探せます。都会も地方も関係なく同じ意識レベルの人がつながれるというのは、現代ならではのメリットです。**自分の力だけを信じず、積極的に他人の力を頼りましょう。**

周りの空気で自分を動かしていくのです。

30代は、なぜ「リーダー」になるべきなのか

地図に道を引き、仲間も手にした。次はやはり、自分自身の成長です。自らを著しく成長させるには、誰かを指導する立場につくことが手っ取り早く、最も効果があります。

つまり、リーダーになることです。**人を育てる立場に立つと、自分の価値観や信条、能力は一気に変わります。**どういうことなのか、詳しく説明していきましょう。

人の思考プログラムはインパクト×回数で変わってくると先ほど述べました。強いインパクトをかければ、回数は少なく、比較的短い期間に思考のプログラムが塗り変わっていきますが、弱いインパクトなら継続する必要があるのです。

そもそも、人の思考や意識は5つの階層に分けることができます。

①アイデンティティ

②信念・価値観

③能力

④行動

⑤環境

それぞれ、アイデンティティは「私は○○である」、信念・価値観は「私が大切にしているものは○○である」、能力は「私は○○できる」、行動は「私は○○をする」、環境は「私は○○に所属している」と表現できます。

たとえば、⑤の環境を職場として部下や後輩を指導・育成する場合、上位の①②③を承認した上で、「④行動」にフィードバックするのが理想です。

「あなたはとても素晴らしい人だ。あなたの考え方にも共感できるし、将来性も高い。ただ、先週のあなたの態度はよくなかったと思う。次回から気をつけていこう。具体的な方法はこうだ」

このように、まず、いちばん上位の「①アイデンティティ」を評価し、その後で問題点を指摘します。こうすると、相手は自分自身が肯定されていると思い、比較的前向きな気持ちで話を聞こうとしてくれます。

この逆は、絶対に行うべきではありません。たとえば、「お前はバカだ」と言って相手の「①アイデンティティ」を否定したり、「君の信頼しているものは間違っている」と相手の「②信念・価値観」を否定する。もしくは、「あなたはセンスがない」と相手の「③能力」を否定する。上位概念を否定されるほど、相手は傷つき、信頼関係も損なわれます。

特に①は人格否定につながりかねません。「私はバカな人間である」と相手が思い込んでしまうおそれもあります。

いちばん上位にある「アイデンティティ」に変化が加わるということは、良くも悪くも、その人にとってかなりインパクトの強い出来事なのです。だからこそ、否定ではなく承認からの働きかけが大切になります。

アイデンティティが変わるということは、「私が何者であるか」が変わるということです。学校のクラブ活動で先輩になる、結婚して夫婦になる、子どもが生まれて親になる。組織や会社でリーダーになる。全部、アイデンティティが変わるほどのインパクトです。

そしてこれは、**その人の思考も変えていくほどの力を持ちます。**

子どもでも、後輩でも、部下でもいい。誰かを育てようとすることで自分が変わり、育つのです。10代、20代が土台を作る時期だとすれば、30代は自分に大きなインパクトをかける段階に入る時期と言えるでしょう。

地位は人を作る

ここで、ひとつ注意してもらいたいのは、

「リーダーになれと言うけれど、自分にはその素質も能力もない」

などと、思わないでほしいということです。

もちろん圧倒的な才能を持つ人はいるでしょう。でも、それはほんの一握り。そもそも、最初からリーダーだった人なんかいません。どんなに優秀な経営者であれスポーツチームの監督であれ、「リーダーになる」というアイデンティティの変化を経験し、人を育てる立場になることで自身の能力も一緒に開花していったのです。

自分には何かを教えられるような能力も人間性もないのでは、と心配する必要はありません。ここは「逆算思考」です。つまり、人に何かを教えるというプロセスによって能力が開発され、責任感も芽生え、人を育てる立場に見合った人格が形成されていくのだと考えましょう。

「地位は人を作る」という格言がありますが、まさにその通りなのです。

強いインパクトをかけることで見る世界が変わる

部下や後輩を持つことで、偉そうに振るまったりする人もいますが、これだって実は大切なことです。こういう人は、

「俺みたいにならなきゃダメだぞ」

と言っている半面で、

「部下にいつも見られているのだから、自分もしっかりしなきゃ」

という意識が働いています。

わかりやすいのは親になることでしょう。これは相当強烈なインパクトです。親になることで、自分の子どもを育て、地域社会とも関わりを持つようになる。地域のボランティア活動に参加するようになるし、夜に出歩いている子どもを見かけた

ら、「危ないよ」と注意しないといけないと思うようになります。

満員電車で妊婦さんやベビーカーの母親を見かけたら、自然と席を譲ろうとする。親になっていないと、悪気はなくても、そういう意識がなかなか働きづらかったりするものです。

このように、**その立場に立って、初めて見えてくるものがたくさんある。**以前の立場では見えなかった世界、見えても小さくおぼろげだったものが、立場が変わったことで見えはじめ、どんどん視界は鮮明になっていきます。

この時期は、自らのポテンシャルが一気に、それこそぶわっと花開いていく時期です。そして、あなたの前にある地図を俯瞰《ふかん》するための時期でもあるのです。

40代からは、なぜ「自分に問い」をすべきなのか

10代、20代で土台を作り、30代で強いインパクトを与え、精一杯描いてきた頭の中の宝の地図はいったいどうなっているでしょう?

様々な経験をし、いろいろな知識を身につけ、多くの人と出会って人脈も作りまし

た。長期記憶にはそれこそ膨大なデータが蓄積され、自分資産や関係資産、そして金融資産もそこそこ貯まっているのではないでしょうか。

自分の中ではもう一仕事終えた気分。立派な一枚の地図を描き終わった感じでいることでしょう。

でも、満足するのはまだ早い。

もう一度、自分に対して問うてみることが必要です。

「で、自分はいったい、何をしたいんだろう？」

「結局、自分にとっての幸せって何だろう？」

この問いは、10代や20代ではわからないことです。40代になってようやく見えてくることだと思います。

たとえば、

「給料や年収が増えても、意外と幸せは感じなかった」

と思うかもしれません。

「高級車に乗ることに憧れていたけど、実際に乗ってみるとそうでもなかった」

と感じているかもしれません。

「お客様の喜ぶ顔を見る瞬間が、一番幸せを感じる」

「疲れて家に帰ったときに、玄関で子どもが出迎えて、『お父さん、いつもありがとう』と言ってくれただけで、ほろっと泣けてくる」

そんな思いがよぎるかもしれません。

ぜひ、これまでに作ってきた地図を前に、自分に問う作業をしてください。

今、あなたの目の前にあるのは、ただの地図です。まだそこには「宝もの」のありかは記されていません。

この地図を前に、そもそも自分にとっての「宝もの」とは何だったかを改めて見つめ直し、地図をなぞりながら探していくのです。

そうすることで、自分だけの、本当にオリジナルな一枚の宝の地図が出来上がっていきます。

「そんなことわかっている」ということにこそ金脈がある

多くの人は、ごくごく当たり前の「そんなことわかっているよ」というようなことを、つい忘れがちです。これは第1章の最後でも触れたことですね。

「そんなことわかっている」と、人から指摘されて気づくのはまだ長期記憶に格納されている段階。長期記憶の中にデータそのものは入っていたのに、普段からそこにアクセスしてこなかったということ。つまり、見過ごしてきたわけです。

でも、実はこの「そんなことわかっている」ということほど、重要だったりするもの。そこに新しいアイデアを生む源泉だったり、本当の幸せとは何かという答えのヒントだったり、金脈が埋まっていることが多いのです。

たいがい、**「そんなことわかっている」ということが、物事の本質、すなわち原理原則だったりします。**

たとえば、書店では健康関連の本が山積みになっていますね。でも、ぱらぱらめくってみると、どの本もタイトルや体裁、そして中身こそ違いながら、言っていることはだいたい同じです。食事についての本なら、

「食事のときはよく噛むこと。これが健康の秘訣です」

と、拍子抜けするほどにシンプルなことが書かれている。

「そんなの当たり前じゃないか！」

脳の中に「宝の地図」を描く

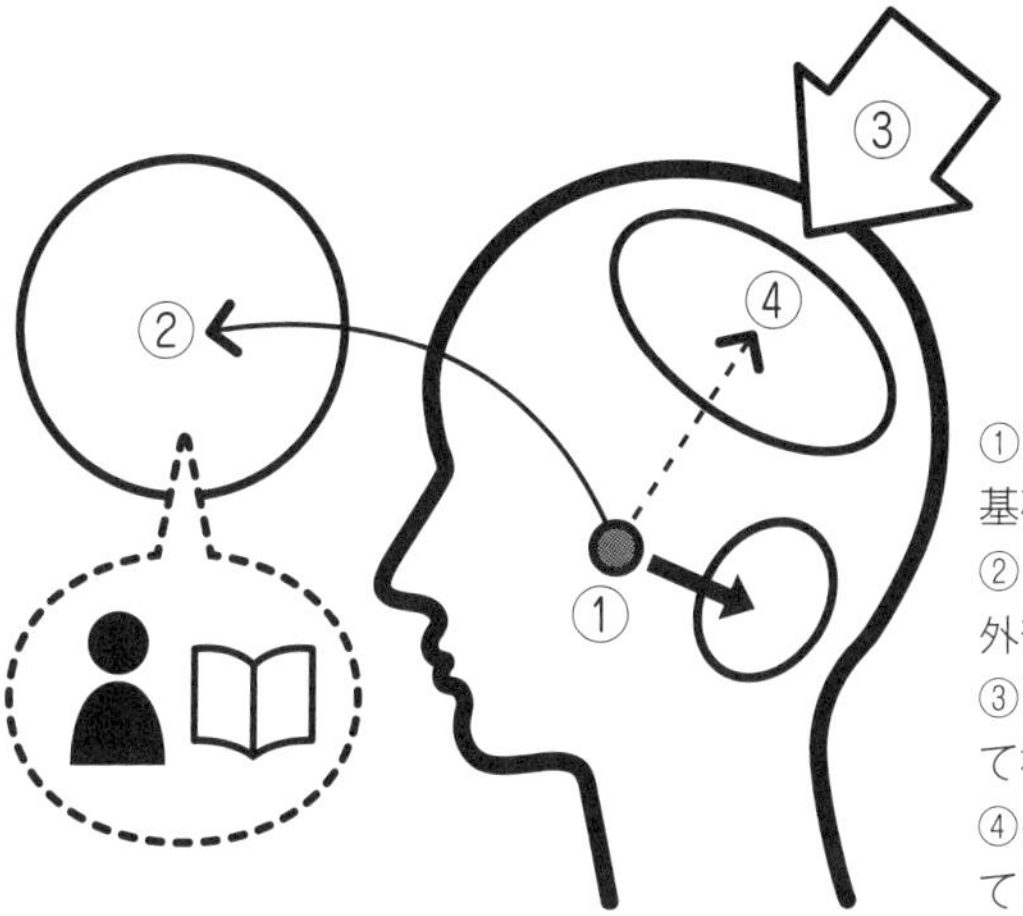

①アクセスする力（脳の基礎体力）を高める。
②その気にさせてくれる外部記憶を整える。
③強いインパクトをかけて視座を変える。
④長期記憶にアクセスして自問自答する。

と、ツッコミを入れたくなりますが、そうした当たり前のことが実はいちばん重要だし、普段の生活を振り返ってみたとき、「わかってるのに、そういえば早食いしていたな……」と、実際にはできていないことが多かったりするもの。

金脈の上にいつもいながら、そこに金脈があることに気づかず、掘り当てるどころか、掘ることすらしていなかったわけです。

真っ当なこと、正論、当たり前。そうしたことを、今一度振り返ってみましょう。そこに、あなたにとっての成功の本質が隠れているかもしれません。

旅に出る前から「本当に自分のやりたいこと」ばかり考えるな

みなさんはこれから人生という旅を送りながら、自分だけの地図を作っていかなければなりません。

もう30代なのに、「やばい！　仲間どころか道もできてない！」と焦った人もいるでしょう。

でも、この本を手に取っているみなさんに年齢など関係ありません。着実に土台を積み上げていく。今、やれることをやる。それだけです。

ただ、全年齢共通で、この土台作りに入る前に注意しておいてほしいことが３つありますので、最後に触れておきたいと思います。

まず、１つ目。**旅に出る前から「本当にやりたいこと」は考えるな、**ということ。

書店に行けば、「やりたいことだけやっていればいい」など、射幸心を煽るような言葉がたくさん並んでいます。でも、考えてみてください。ここまでの話でおわかりいただけたと思いますが、「本当にやりたいこと」なんて、そう簡単には見つかるものではありません。それは、一生をかけて自分に問いかけ続けるものです。

それに、「やりたいこと（ウォント）」だけやると言うと聞こえはいいですが、結局のところ、それは「やるべきこと（マスト）」をやり続けることに他ならないのだと、理解しておくべきでしょう。

どういうことか？

まず、どんな仕事や作業も、2つに分解できます。

①**プロジェクト**：目標を達成するための計画、タスクの集合体
②**タスク**：スケジュールに記入できるほどの作業や課題の最小単位

ためしに、やりたい仕事を何個か思い浮かべてみましょう。

「一流のプロ野球選手になりたい」
「AKB48のようなアイドルのプロデューサーになりたい」
「環境に優しいクルマの開発をしたい」
「IT企業の社長になりたい」

単純に人生の夢や趣味的なことでもいいです。

「海外留学をしたい」

「マイホームを持ちたい」

「高級車に乗りたい」

「北海道を旅行したい」

これらの「やりたいこと」は、言うなればすべて「プロジェクト」。具体的な行動である「タスク」にはなっていません。

そして、この「やりたいこと」をいざ実現していくとなったとき、それは必然的に「タスク」に分解されていくことになります。どういうことか?

「今年は家族で沖縄に旅行したい」という「やりたいこと」があるとします。これは「プロジェクト」です。このプロジェクトを完遂するために、具体的な計画を立てようとすると、

・日程を決めるために家族で話し合う
・旅行会社で見積もりを取ってもらう
・旅行代金を工面する

・旅行代金を振り込む
・現地のレンタカーを予約する
・空港までの電車の時刻を調べる

こんな具合に、プロジェクトはいくつかのタスクに分解されていくことになります。

どうでしょう？　タスクはどれも「やるべきこと」ですよね。

つまり、**「やりたいこと」をいくら分解しても、「やりたいこと」というタスクにはならないのです。**

だから、

「やりたいことだけやっていればうまくいく」

「好きなことだけやっていれば成功する」

というこれらの表現は誤りです。厳密に言えば、

「強くやりたいと思うことがあるならば、やるべきこともストレスだと感じなくなる。だからやるべきことをやっているうちに、やりたいことが実現する」

が正解なのです。

「やりたいこと」があっても、はじめられないし、続けられない。やり切ることがで

きない。そんな人が少なからずいますが、理由は単純明快。

どんなに「やりたいこと」でも、「好きなこと」でも、いざ行動に移そうとすると、「やるべきこと」が目の前に立ちふさがってしまうから。

やりたい、好きだという気持ちは大切です。でも、そればかり考えていると、うまくはいきません。その前に、「やるべきこと」が目の前にあったら、サクサク片付けられる習慣を身につけましょう。

迷っている時間があったら、まずやるのです。

自己啓発セミナーに行ってでも土台は作るべき

注意点の2つ目は、「方法論」から入らないこと。

この地図を作る旅には裏技や隠しルートがあるのではないか？　もっと効率よく経験値を積めるのではないか？　たまに、このような発想をする人がいます。

夢や願望についても同じ。多くの人は、このテクニックさえ身につければうまくいく、というものをどうしても求めてしまいます。しかし、

「海外で不動産ビジネスを展開したい」
「国内で飲食店チェーンをやっていきたい」
「世界を代表するバレエダンサーを目指したい」

そうした夢を実現させるには、それぞれ違ったスキルやテクニックが必要ですし、異なる経験が求められます。絶対的な方法論などありません。

絶対的な装備を身にまとってから旅に出る。それは確かに安心かもしれません。しかし、これは「ノウハウコレクター」が陥りやすい罠。方法論を集めているうちに、どんどん足が重くなる。もっと他にいい装備があるのではないかと探しているうちに、時間だけが過ぎていく。気がついたときには、地図は真っ白のまま……。

そんな笑うに笑えない状況にもなりかねません。

そもそも、基礎体力もなしに方法論を身につけても、意味はないと心得ましょう。まずは自分の土台をしっかり作ることに専念するのです。建物でも土台がしっかりとしていないと、その上に建てた家は傾いたり、途中で崩れたりしてしまいます。

私は、この土台を**「心のインフラ」**と表現しています。この心のインフラを構築していくには、次の3つの力が必要です。

①認知できる力……巷《ちまた》で流通している情報の主旨を正しく理解し、自分にとって必要な情報を的確にキャッチしていく力。

②習慣化する力……ある物事を意識しなくてもできる、いわゆる無意識的有能状態になって、どんなことも最後までやり切る力。

③創意工夫する力……それぞれの環境や事情の違いにより、方法論や施策を自分に合う形にカスタマイズできる力。

この3つがそろって初めて心のインフラが整備されていきます。自己啓発セミナーに参加するでも、自己啓発書の古典を読むでも構いません。まず正しい知識を身につけ、学び、土台を作っていってください。その上で方法論に進む。この順番です。

土台はパソコンやスマホの「OS（オペレーティングシステム）」のようなもの。方法論は「アプリ」です。ですから、**土台と方法論は両輪。双方があって成立するのです。**成果が出るようになってくると、土台はどんどん磨かれていきますし、土台が磨かれれば、その上に乗っかる方法論もさらに進化していきます。

うまくいく、夢を現実にするというのは、この繰り返しに尽きるのです。

「自分資産」「関係資産」の結果として「金融資産」がある

最後の注意点は、「金融資産」について。

旅をする、習い事をする、学校に通う。こうした自己投資をすることで、自分資産はどんどん貯まっていきます。これはある意味、終わりのない話で一生涯続いていくことでしょう。

同時に、様々な経験を通して、仲間も出来上がって、関係資産も蓄積されていきます。それこそ、リーダーとなれば自分資産は格段に磨かれ、今までとは違う関係資産も築かれることでしょう。

地元の野球チームの監督になったとすると、それまで挨拶程度だった他の野球チームの監督とも親しくなるし、互いに刺激し合ったりという関係も出来上がる。こうした関係資産はリーダーとしての自信も生むので、自分資産にもつながっていきます。

ここで重要なのは、そうした**関係資産や自分資産が金融資産に直結するかどうかは**

関係ない、ということ。

「監督になることで、どのくらい儲かるの？」

そういう話ではないのです。

自分資産と関係資産が増えた結果、金融資産も増える。しかし、それはあくまで結果論。最初から、

「これをやることのメリットは何だろうか？」

「どのくらい儲けが出るのか？」

と、損得勘定で行動しているうちは、何事もうまくいきません。成功を引き寄せることなど、とてもできないでしょう。

「素振りを1000回やったら、絶対にホームランを打てるようになる」

もしこれが通用すれば、誰だってホームランバッターになれるはずです。

でも現実は、ホームランバッターには一握りの人間しかなれない。だからといって、ホームランバッターを本気で目指す人が、バットを振ることをやめるでしょうか？

なれるかはわからないけど、バットを振り続けるはずです。

やらない限り、可能性はゼロのまま。損得勘定が一番にくると、どこかで何かおか

しなことになる。ぜひ、覚えておいてください。

第　3　章

「3つの質問」で脳を活性化する

——高い目標を正しく設定し、圧倒的な成果を出す方法

自分の「意識レベル」を知る

今抱えている問題や目指している目標について、自分がどれくらい適切かつ正確に状況を理解し、意識しているか。いわば**「意識レベル」**を常に把握しておくことは非常に重要です。

ある会社の先輩と後輩で考えてみましょう。

ふたりで協力し合ってひとつの問題を解決したい、またはある目標を達成させたいといったとき、お互いの「意識レベル」が一致していなければ、問題解決も目標達成も、話は前には進みません。

では、そもそも「意識レベル」はどのように測ればいいのでしょうか？

たとえば先輩が、

「なあ、お前さ、目標達成に向けてちゃんと意識してやってる？」

と問いかけて、

「もちろん！　いつも意識してますよ！」

と後輩が応じるとします。

さあ、この後輩は本当に目標を「意識」しているでしょうか。

彼の「意識しているもの」がいったいどのようなもので、どの記憶装置、つまり短期記憶（＝ワーキングメモリ）、長期記憶、外部記憶のどこに格納されているか。それを確認することで、彼が本当に「目標達成に向けて意識しているかどうか」を見抜けます。

そのために、「3つの質問」を彼に投げかけてみましょう。3つの質問とは、

①アバウトな質問
②具体的な切り口を使った質問
③正しい答えを使った質問

です。では、この3つの質問を具体的にどう使っていくか、この先輩と後輩のやりとりを見ながら説明していきましょう。

「アバウトな質問」にスラスラと答えられるか

まず「アバウトな質問」から。

「お前が今年の目標を達成するために、意識していることって何？」

これは、いざ聞かれたら、結構多くの人が「ドキッ！」とする質問ではないでしょうか？　アバウトかつ、いかようにもとれる質問です。

もしここで後輩の彼が、

「今年の目標は売上2億4000万円でしたよね。この数字を達成するとなると、僕が現在抱えている売上の見込めるお得意先の数を7社から20社まで引き上げる必要があります。そのために今意識していることは、新規のお客様の開拓です。月50社は新規で会社訪問し、最低でも10人のキーパーソンと面会できるようにしています」

と、このように具体的な行動指標までスラスラと答えることができたら、彼の「意識レベル」は相当高いと言えるでしょう。

第1章の「3つの記憶」を思い出してください。このとき、彼のワーキングメモリには、目標がちゃんと常駐しています。だからスラスラ答えが出てくるのです。

つまり、**「意識が高い」とは、ワーキングメモリに目標が常駐しているため、日々、その目標に焦点を合わせた行動ができている、ということなのです。**すぐ処理できる場所に目標が入っているため、具体的なアクションを起こせるし、アクションを起こしているからこそ、ラン&テストを繰り返すことになり、行動が改善され、目標達成のために立てる仮説の精度も上がっていく。このように、高いところで意識レベルが保たれているなら、彼が目標を達成する可能性は極めて高いと言えるでしょう。

でも残念。彼はアバウトな質問を受け、「ドキッ!」としてしまいました。

「えっ、いやあ……常に意識していることとって、急に言われてもなあ……。意識してることは、まあ、いろいろあるんですけど……」

さあ、困りました。何を答えたものか、彼にはさっぱりわかりません。でも何も答えないのは気まずいですし、とりあえずそれらしいことを言ってみます。

「と、とりあえず今意識していることは、新規のお客様に対して積極的にアプローチすることとですよ!」

アバウトな質問に対し、非常にアバウトな回答。

先輩は「はあ……」とため息をついています。どうやら先輩が期待した答えは、こういうことではなかったようです。

与えられた「切り口」に対してピンとくるか

先輩がここで聞きたいのは、後輩が「目標を意識して、今具体的にどんなプランを立てて行動しているか」ということ。でも、先輩はふと思います。

「俺の聞き方が悪かったのかもな。質問がアバウトで、意図が伝わりづらかったんだろう。もう少し具体的に聞くべきだった」

優しい先輩は彼に再びチャンスをあげることにしました。質問をもう少し具体的なレベルまで分解してあげよう、と。

ここで2つ目、「具体的な切り口を使った質問」です。

「悪かった。そういうふわっとしたことじゃなくてさ、今年の売上目標を達成する上で、お前がどんな計画を立ててどんな行動を実際にとっているのか。それを答えてほしいんだ。年度の初めに、目標管理シートに書いただろ？」

このように、「売上目標を達成するための計画や行動」といった、より具体的な**「切り口」**を与えます。ここにきて、「ああ！　そういうことか！」と後輩が合点した場合、実は、達成すべき目標に関する情報が長期記憶に格納されていたことがわかります。

短期記憶には入っておらず意識できていなかったものの、具体的な切り口を使って長期記憶に検索をかけたことで「ピン」ときた。つまり、答えがヒットしたのです。

「なんだ先輩。それならそうと早く言ってくださいよ！　ええと……、今年の目標は確か2億4000万円くらいでしたよね。それで、そのために年度の初めに立てた行動計画が……」

ただたどしくではありますが、長期記憶にアクセスし、考えながら答えることができます。意識レベルは低いですが、繰り返し質問を投げかけ、自問自答を繰り返させることで意識レベルも高まり、やがてスラスラと答えられるようになるでしょう。

「正しい答え」さえも知らない場合

しかし、先輩の優しさもむなしく、後輩の反応は……。

「ええと……なんだったたっけ。目標かあ……う〜ん」

やっと先輩は気がつきました。

「こいつ、そもそも目標自体、覚えてないぞ」

彼のワーキングメモリ、そして長期記憶からは、目標のことがすっぽりと抜け落ちている可能性がある、と。

しびれを切らした先輩は、最後に「正しい答えを使った質問」を投げかけます。

「お前なあ……。だから、売上目標がいくらで、その売上を達成するためには売上の見込めるお客様をどのくらい常に抱えておかなければならないか。そして新規のお客様へは月に何回アプローチするべきなのか。それを答えてほしいんだよ！　お前の場合、売上目標が2億4000万円だっただろ？　それで、見込みのお客様は20社を目指すんだろ？　ほら、それで月間の新規のアプローチ数はどうするんだっけ？」

意識レベルを測る「3つの質問」

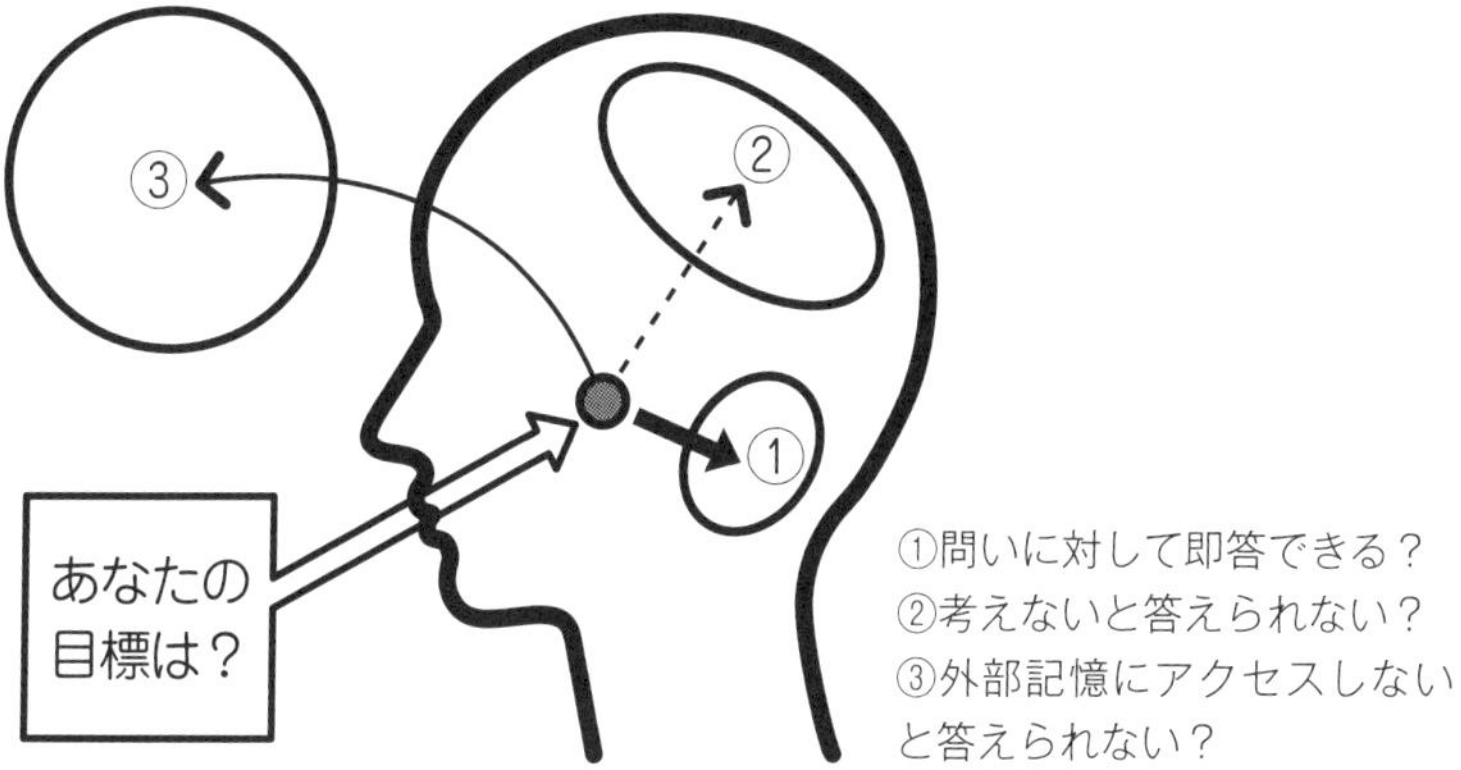

①問いに対して即答できる？
②考えないと答えられない？
③外部記憶にアクセスしないと答えられない？

さあ、ここまで具体的な切り口、もはや「正しい答え」を示されてもピンとこないようではまずいですね。完全に、長期記憶は空っぽです。

「えっ、そうでしたっけ？　ちょっと、目標管理シートを見てきていいですか？　そんなこと書いたっけなあ……」

先輩は、もうがっかり。後輩の意識レベルは限りなく低く、外部記憶を参照しないと思い出せないほどの状況だったのですから。

みなさんもそれぞれ、目標、夢、願望をお持ちだと思います。ぜひ定期的に「3つの質問」を使って脳に問いかけてみてください。あなたの「意識レベル」は、ちゃんと高いレベルをキープできているでしょうか？

「ふわっとした返事」は脳にデータが入っていない証拠

ただ、中には「ふわっとした質問をする先輩のほうが悪い。ふわっとした質問にふわっとした返事をするのは当然ではないか」、と受け止める人もいることでしょう。

しかし、脳のワーキングメモリに自分の叶えたい夢や、具体的な目標が格納されていたら、**たとえ抽象的な質問をされても、無意識のうちに具体的な返事をしてしまうものなのです。**

もう少し身近なテーマを題材にするとわかりやすいかもしれません。

「今度の週末、何か予定あるの？」

と、ふわっとした質問をされたとします。ここで、週末についてあまり意識していなかった人は、

「今度の週末かあ……。まあ、いろいろと予定が入ってるよ」

という感じに、ふわっと答えることでしょう。しかし、週末にものすごく意識している予定があるときは、

「今度の週末、何か予定あるの？」

と同じ質問をされただけでも、

「今度の週末は大変なんだ。1年前から友人と企画してきた地域のイベントが日曜日の昼すぎからある。だけど、土曜日は親の入院先に行かなくちゃいけないから、土曜日の夜から日曜日の朝まで徹夜で最終準備や当日の打合せがある。今からそのことで頭がいっぱいだよ」

と、かなり具体的に答えるでしょう。ワーキングメモリにデータが常駐しているかどうかで、意識レベルも返答の仕方もまったく違ってくるのです。

多くの人が陥りがちな罠——「そもそも目標設定が適切でない」

ただ、ここで注意してほしいことがあります。アバウトな質問に対して具体的に答えられないとき、意識のことを指摘する以前に、

「そもそも、目標の設定自体、ちゃんと具体的になっていたかどうか」

には気をつけるべきでしょう。目標設定そのものがアバウトな場合、その目標を達成するための具体的なプランが出てこなくなってしまうからです。

たとえば、一生懸命走っているお兄さんがいたとします。

「今、あなたは走っていますね？」

「ええ、走っていますよ。精一杯に走っています」

「そんなに頑張って、いったいどこに向かっているんです？」

「えっ？　そうですね……どちらかというと西の方、かな？」

この人は頑張って走っているけれど、肝心の目標がはっきりしていません。どこに、いつまでに着きたいのかがわからなければ、どのくらいのペースで、どのくらいの時間をかけて走ればいいのかわかりません。もしかしたら走るよりもいい方法があるかもしれないし、走る以外のスキルが必要になるかもしれません。でも、目標がアバウトであるが故に、彼はそれに気がつかないのです。

彼がまっさきにすべきことは、目標をより具体的に設定すること。具体的な目標を意識するようになれば、頑張り方もわかってきます。

さあ、話し込むうちに、彼の目標が段々とはっきりしてきました。

「実は僕、今から3時間後に大阪まで行きたいんですよね」

きっとそれを聞いたあなたは、

「えぇー！ そんなの絶対無理ですよ！」

と言うでしょう。なぜならここは東京。どんなに頑張っても、走って大阪に、しかも3時間でなんて行けるわけがありません。

どうでしょう。目標が「西に行きたい」から「今から3時間後に大阪に行きたい」になったとたん、いろいろな方法や制約が見えてきたはずです。

心配したあなたは考えます。走るのは絶対に無理、でも車を使ったとしても厳しいだろう。じゃあ、どうすれば……。

「急いで東京駅に行って、新幹線のチケットを買えば、まだ何とかなるかもしれないですよ」

「なるほど、新幹線を使えば3時間で行けるんですね」

「ええ、ちなみに新幹線代は持っていますか？」

「いや、持っていないですよ。どこかで稼がないとなあ」

「えぇー！　ちょっと、そんな短時間で稼げるところなんてないですよ。近くに親戚とかいないんですか？」

「あ、すぐそこにおばあちゃんが住んでいるんです。お金、借りられるかも」

「それだ！」

このように目標が具体的になったことで、とり得る手段が絞られました。行動も、「ただ当て所なく走る」から「おばあちゃんの家に行ってお金を借りて、東京駅に急いで向かい、新幹線のチケットを購入する」というように、より具体的になりました。

さて、この例はあまりにも極端でしたが、何をすべきかわからなくて途方にくれてしまったときや、どれだけ頑張ってもまったく成果が出ないときは、目指している目標がそもそも適切か、見直してみるといいでしょう。そういうとき、目標がアバウトになってしまっていることが案外多かったりします。

アバウトな目標を達成することほど難しいことはないのだと、心得ましょう。

「平凡な家庭」という夢

これは夢や願望についても言えます。

あなたの夢は何ですか、と聞かれたとき、

「いやあ、私は平々凡々で暮らせたらそれでいいんですよ」

と言う人が結構います。

ところが、よくよく考えてみるとこの「平凡」が意外に難しい。この「平凡」こそ、みなさんが考える以上に高い目標であったりするのです。

「では、あなたの考える平凡って、どういうことを言うのですか？」

ライフプランナーの人がこう尋ねてきたとします。

「そうですね、30歳までには結婚したいかな。子どもは2人くらいいて」

「なるほど。お子さんにはどういう風になってもらいたいですか？」

「子どもも普通に幸せな家庭を築いてほしいから、やっぱり大学には行かせてあげたいですね」

「お子さんの結婚とかはどうします？」

「それは当然、普通にお金出してあげたいですよ。孫の顔も見たい。2人くらいは作ってもらいたいですね」

「そうですか。ちなみに、家はどうしたいですか？」

「マイホームは厳しいだろうなあ。でも、普通にマンションくらい買いたいかな。親も心配だし、いずれは二世帯住宅を持てたらいいですねえ」

「ふむふむ。海外旅行には行きたいですか？」

「そうですね、1年に1回となると贅沢だけど、まあ、普通に2年に1回くらいは行きたいかなあ」

「車はどうしましょうか？」

「それなりのものはほしいですね。5年ごとに買い替えたいし、普通の家族サービスができる程度のミニバンクラスがほしいかな」

「なるほど、そうなると……」

ライフプランナーがその場で電卓を叩きだしました。なにせプロですから、その夢を叶えるために必要なマネープランをすぐに出してくれます。

さあ、あなたの夢のお値段は、いかに？

「平凡」を叶えるためのハードルとは

「なるほど、あなたの言う平凡な家庭を作るためには40歳で年収1000万円はないとダメですね」

「えっ。年収1000万!?　ええ〜……それ、マジですか？」

「大マジですよ。あなた今、何歳で、年収はどれくらいでしたっけ？」

「あの……26歳で、だいたい300万円ぐらいです……」

「このまま東京で暮らして、マンションを買いたい。しかもいずれは二世帯住宅。それだと年収1000万円でも難しいですよ。車くらいなら買えるかもしれないけど、5年ごとに買い替えでしたっけ？　それから2年に1回海外旅行、子どもの結婚式にも出資するとなると、だいたい1回で100万〜200万円はご祝儀をあげないといけませんよね。それで大学が私立とかにもなったら、もっともっとかかってきますけど……さあ、どうしましょうか？」

さて、こんな展開は想像もしなかったあなたは、「あれ？　何かおかしいぞ」となってしまうでしょう。

「平凡って、何だったんだろう……」

そう、思ってしまうはずです。

「平凡」、もしくは「普通」といったような漠然としたイメージを具体化していくと、その概念に対するイメージががらりと変わっていきます。

ライフプランナーが続けます。

「年収800万円くらいでいいとしても、そうなると、あなたのお小遣いは月に2万5000円くらいとなりますね。これだと毎日の昼ごはんは400円くらいで抑えないといけないですよ。ちなみに車は5年に1回の買い替えは諦めて、10年ごとにしてください。それから新車ではなく中古車。いや、でもひょっとすると、そもそも自家用車は持てないかもしれませんね」

世の中で「成功」と言ったとき、六本木ヒルズのマンションに住んで、クルーザーを所有して、1年の半分ぐらいは海外のリゾートで過ごす大富豪。そんないかにもなイメージで捉えている方がいるかもしれません。

でも、**そもそも平凡な暮らしを実現させること自体が、実は大きな成功**だと言えてしまうわけですね。

自分の人生の夢や目標を思い描くとき、「平凡」や「普通」などと、軽々しく口にしないほうがいいでしょう。「平凡」を叶えることこそ、難しいことなのです。

客観的に評価できないものを目標とは言わない

何が言いたいかというと、「目標」というのは抽象的なイメージではダメなのです。**それを達成したときのイメージが具体的で、達成するまでの期限も明確に設定されていて、その目標が達成されたときの姿が、客観的に見ても実現したと評価できる。**そういった目標でないと、それに向かって実際に行動に移すことなどできません。

「西の方に行きたい」では京都まで行けば達成なのか、博多まで行けば達成なのか、まったく客観的な評価ができません。

一方で「今から3時間後に大阪に行きたい」というのは、達成したときの姿が想像できますよね？　ちゃんと、客観的に評価できます。

期限の設定も重要です。

「いつまでに達成するの？」と聞かれたとき、「いつまでと言われても困るけど、とにかく西の方に行きたい」と答えているようでは、目標にはならないわけです。こうなると、いつまでたっても西なんて行こうとしないでしょう。

第一歩を踏み出すため、同時に、第一歩を踏み外さないためにも、目標を具体化することは必須です。

アウトプットすることで精度を高める

では、目標を具体化するにはどうすればいいのでしょう？

第1章の「引き寄せの法則」を再現するための方法を思い出してみてください。やはりここでも、「アウトプットすること」がおすすめです。

感覚的にはわかっていても、それを具体的な行動やプランに落とし込もうとしたとき、「あれ？　意外と何をしたらいいのかわからないぞ……」となることが結構あります。

目標を実現させるためには、やらなければならないことがすぐにパッと思い浮かぶ状態でなければいけません。つまり、ワーキングメモリに具体的な目標が入っている状態にする必要がある。となればやはり、やらなければならないことを紙などにメモするのがいいでしょう。データをワーキングメモリに転送していくプロセスをしっかり踏んでいきましょう。

実際に目標を書き出すことの最大のメリットは、**「わかっているつもりでいたことが、実はよくわかっていなかった」という気づき**にあります。

たとえば、これまた極端な例ですが、「アメリカまで3時間で行きたい」と思ったとしましょう。それを「遠いな、無理そうだな」と思考するだけで済まさずに、どうしたら行けるか、行ける可能性があるか、バカバカしいと思いながらも書き出してみるのです。

そうなると、当然、アメリカまでの具体的な距離を知らなければなりません。

「そういえば日本からアメリカって、そもそも何キロあるんだろう？」

これは、今まで考えてもみなかった情報です。当然、長期記憶に答えはないので、外部記憶を参照し、調べてみる必要があります。

距離がわかると今度は、時速何キロで移動しないと3時間では到着できない、ということもわかってきます。

「時速はこれくらいでないとダメだな」

「こんなに速い移動手段って、あるんだろうか？」

「ミサイルとかに乗れるんだったら、実は可能だったりするのかな」

書き出しているうちに、理解が進みます。できること、できないことがわかってきます。

頭の中で感覚的に考えているだけだと、実は脳にとってたいしたインパクトにはならないのです。第2章でも述べた通り、「インパクト×回数」をどれだけかけるかで、あなたの脳の強度や耐性は決まります。考えるよりも五感を使って書き出すことでインパクトが加わり、脳はさらに成長し、思考も整理され、理解が深まるのです。

もちろん書き出す以外にも、「周りの誰かに言う」という行為もアウトプットになります。具体化するには効果的な手段と言えるでしょう。

親が子どもに注意するときなどがまさにそれです。

「こういうことをしてはいけない。他の人に迷惑になるからな」

そのように子どもに教え諭しているうちに、「なぜ、そういうことをやってはいけないのか」を改めて考え、理解し、思考を深めていけるのです。

脳力を高めるメモ習慣

メモの話をもう少し続けましょう。

ここでみなさんに質問です。

あなたは、人の話を聞きながらメモをとる習慣はありますか？

もし「ない」という人は、早急にメモをとる習慣を身につけましょう。そして「とれない」と答えた人も、練習してちゃんとできるようになりましょう。

用意するのは、紙とペンだけ（紙は裏紙でもノートの切れ端でも何でもＯＫ）。

では、なぜメモをとることがそこまで重要なのでしょうか。

それは、**「人の話を聞きながら、紙とペンでメモをとる」ことで脳の思考系が鍛えられるから。**脳に基礎体力がつき、頭の回転が速くなるからです。

メモをとるためには、３つのステップが必要になります。

①話を聞く
②話の内容を理解する
③話の内容を理解した上で、短い文章にまとめる

この3つのステップを踏まないと、「話を聞いてメモをとる」ことはできません。ひとつでも欠けてはならないステップです。

「聞く↓理解する↓まとめる」。これは当たり前の話だと思います。では、なぜこれを「紙とペン」で行わなければならないのか。もう少し掘り下げていきましょう。

パソコンやスマートフォンでメモをとる人を、何年か前からよく見るようになりました。高度情報化社会ならではだと思います。

ただ、残念ながら、**私はパソコンでのメモを推奨しません。**

メモしたデータを後から再利用できるから便利。そういう意図からパソコンでメモをするという人は結構いるでしょう。

でもそれでは、致命的なほど脳のトレーニングにならないのです。

パソコンでメモをとれる人は、話を聞くスピードと、キーボードで打ち込むスピードがほぼ一致しています。ブラインドタッチができる人なら、なおさらストレスを感じないでしょう。パソコンをある程度使える人なら、誰にでもできるメモのとり方です。

しかし、キーボードを打ちながらメモをとることは、耳に入ってきた情報をそのままテキストデータに変換しているだけで、もはや議事録。メモではありません。要は、メモをとるステップの②と③が蔑《ないがし》ろにされている。打ち込むばかりなので、メモを残すことはできても肝心の話の内容が頭に入ってこなくなることが多いのです。

10のインプットがあったとき、10すべてをアウトプットする必要はありません。10のデータを頭の中で整理し、2か3に絞り込んでアウトプットすればいい。だからこそ、理解し、まとめることが必要なのです。

脳の長期記憶にぐぐっとアクセスする機会が増えたほうが、**話の論点や本質を見抜く力**も養われやすい。何より手を動かすことで五感も刺激されます。

パソコンでメモをとるにしても、まずは紙とペンでメモをするスキルをしっかり身につけてから移行したほうがいいと私は考えます。

面倒かもしれませんが、この一手間が脳の基礎体力を格段に高めてくれるのです。

とにかく大量に書く！

そして、勘違いしてほしくないのはメモをとる目的。

メモは確かに形に残るし、そうなれば外部記憶としても活用できます。しかし、メモの究極的な目的は、メモそのものではなく、ワーキングメモリにメモの内容を常駐させることです。

あなたにとって**本当のメモとは、実は脳のワーキングメモリ**なのです。

特に、目標、夢、願望、それを具体化するためにとったメモは、確実に頭にインプットするようにしましょう。みなさん、メモは残すものと思っているようですが、書いたメモをすべて取っておく必要はないのです。

人の話を聞いたり、何か別の作業をしているとき、ふと何かアイデアをひらめいたり思いついたりするでしょう。そのたびにどんどんメモをとると思いますが、それだってすぐに捨ててしまって構わないわけです。そしてまた思いつくたび書く。

むしろ、メモをとるときに最も気をつけないといけないのは、どこかに書いてあるからと安心してしまうこと。それが重要な情報やアイデアであればあるほど、早いうちにワーキングメモリに転送しなければいけません。

繰り返し思い出し、何度も書き出すことで、外部記憶から長期記憶へ、長期記憶からワーキングメモリへとデータが転送されていきます。

そういう意味では、夢、願望、目標といったものほど、「しかるべき場所で、しかるべきタイミングに、心を整えてからでないと書けない」という状態では、ダメなのです。

とにかく大量に書く。真っ白な紙を前にして、暇さえあれば自分の夢や願望、目標をメモする。これがいちばん有効です。回数を増やすことで、ワーキングメモリにしっかりと目標が刻まれます。それが結果的に、成功を引き寄せることにつながるのです。

過去にとらわれずに「高い目標」を立てる

さて、あなたは自分にミッションが与えられたとき、自分の過去の体験や知識と照らし合わせて、そのミッションを遂行できるかどうかを判断してはいませんか？

そして自分の経験上、そのミッションの難易度が高いと判断した場合、「やることはやるけれども、できる範囲でやる」という注釈を無意識のうちにつけてしまっているのではないでしょうか。

こういう人は、過去の経験や知識にとらわれるあまり、思い切った行動ができなくなっています。失敗を恐れるが故に、チャレンジ精神も湧き立たない。こうして最終的には、「できない人」「結果が出せない人」になっていくのです。

では逆に、「できる人」「結果を出せる人」はどうでしょう。彼らはそうした過去にとらわれず、**これまでの経験によって創られた「自分の殻」**をいとも簡単に破ることができます。

もしあなたがそのような**「できる人」になりたければ、思い切って高い目標を設定すべきでしょう。**すなわち、今の自分では到底無理ではないか？　と思えるほどの目標です。この、「到底無理」くらいがちょうどいい。

たとえば入社1年目の新人が、200人の営業組織でナンバー1になるとか、年収800万円を目指してきたが年収1億に目標を設定し直すとか。そんな、一見ムチャだと思える目標です。

高い目標なのでそう易々とは実現しません。過去、自分がとってきた行動は基準にならないし、同じような考えでやってきた人の意見も参考になりません。当然、めちゃくちゃ考えます。考えて考えて、それでもうまくいかない。あれやこれやと創意工夫をはじめます。気がつけば、いつの間にかその目標について考えることが習慣になっていきます。

でも、やっぱりなかなか届かない。自分の長期記憶に達成させるアイデアがないからです。そんな風に自分で考えてもうまくいかない場合は、誰かに相談しないといけませんね。しかも、これまで付き合ってきた人とはまったく異なるような人に相談しなければなりません。新しい知識を積極的に身につけなければ、と感じるようになります。

そうするうちに、おのずと行動が能動的になっていきます。能動的になると、とにかく情報に対する感度も上がります。外に大きなアンテナを広げ、目標実現に関する情報をどんどん集めるようになる。要は、焦点が合ってくるのです。

それに対し、目標が現状維持のまま、またはこれまでの目標に少し上乗せした程度のものだったとしましょう。その目標は、別に考えなくても実現できるでしょう。脳の長期記憶にぐぐっとアクセスする必要がないから楽です。外部記憶に頼ろうとすることも、人に意見を聞きに行くこともしなくなり、ガクッと脳の感度も落ちます。こうなると、世の中の流れもだんだんわからなくなります。

到底無理だろう、かなり真剣に考えないとさすがに届かない、そういう目標を掲げない限り、人は成長できないのです。

目標が高ければ高いほどかかるストレスは低くなる

そうは言っても、高い目標を立てるとくじけそうだし、達成するためにはものすごいストレスがかかりそう。そんな風にみなさんは思うかもしれません。

でも、実は逆。**高い目標を掲げることでむしろストレスから解放されます。**

現状を現状のまま維持したい。変化を受け入れるよりも、今まで通り生きていきたい。そんな欲求が人にはあります。

これを**「現状維持バイアス」**と呼びます。

目標を低めにして、少しずつ増やしていく。これは一見すれば楽ですが、言い換えれば「いつまで経っても過去をリセットできない」ということになります。

何とか今までのやり方を維持したい。時代の変化になんて合わせたくない。そうすると、かえって余計なストレスがかかってしまうもの。変化を拒むことにだって、当然ストレスはかかるのです。しかも、ストレスがかかる割に、このパターンの人は現状維持がモットーだから結果も出ない。余計イライラします。

それよりも、「えいや!」と無理だと思える高い目標を設定してしまう。そうとなったら、「もうやるしかない」のです。思い切った決断ですが、腹をくくった瞬間、逆にストレスを感じなくなります。

なぜ、飛行機は高度1万メートル上空を巡航できるのでしょう。

それは、高く飛べば飛ぶほど空気が薄くなり、機体にかかる空気抵抗も少なくなるから。それゆえに前に進みやすくなるのです。

高度1万メートルまで行くのは勇気がいります。でも一度上がってしまえば、抵抗は減り、少ない力で継続して飛び続けられるものなのです。

逆にこれが低空飛行となると、摩擦抵抗（=ストレス）が強過ぎて、飛び続けることが難しい。安定した軌道に乗れないばかりか、早々に着陸態勢に入ってしまう。最悪の場合は地面にぶつかってしまうかもしれない。

目標も同じ。**最初の段階で一挙に雲の上までぐんと突き抜けるべきなのです。**

そうすれば、雲が立ち込めても、雨が降ってもまったく関係ありません。それは下界の話。あなたが勇気を出して突き抜けた高度1万メートルのはるか上空は、太陽が燦々《さんさん》と照って穏やか。清々しい気分となり、気持ちも昂ぶってくることでしょう。

「できる人」とは、「突き抜けることができる人」なのです。

自分に自信を持つために、ただひとつ必要なこと

もうひとつ、高い目標を設定するメリットがあります。

それは、「報酬」がもらえることです。この報酬とは、金銭的な報酬や給料が上がるとかそういう類のものではありません。

過去できなかったことが、今、できるようになったという達成感を味わえる、これが人にとって最大の報酬ではないでしょうか。「やればできる」というのは成長の実

感そのもの。過去頑張った自分が認められる瞬間です。

そうするとどうなるか？　あなたは、自分を信頼できるようになります。

つまり、自分に自信がついてくるのです。

では、自信がつくとどうなるか？　新しいチャレンジができます。

可能性は１００％ではない。でも、60％くらいの可能性はある。リスクはあるけど、頑張ればできそうだ。きっと、あのときやり遂げた自分ならできるはず！

このように、多少のリスクを冒してでも、チャレンジできるようになります。そういうチャレンジを繰り返すことで、「今まで、できなかったこと」が減り、「将来、頑張ればできるかもしれないこと」が増えていくわけです。

これは、相当幸せなことではないでしょうか。過去頑張った自分は絶対に自分を裏切らないのですから。

さて、こういった高い目標を達成していく過程では、脳の神経伝達物質であるドーパミンというものが大量に分泌されます。これは、「快」の感情を司るものですから、脳の状態も絶好調。またあの達成感を味わいたいと、どんどん高みを目指すようになります。加速度的に成功を引き寄せていくのです。

高い目標を設定し、ちょっとムチャだと思うことでも頑張ってみる。そうすることで、私たちはとてもかけがえのない報酬をもらい続けることができます。

まさに、人として生き生きと、生きていけるようになるわけです。

第　4　章

「仲間の記憶」を味方につける

――なぜ関係資産が整うと加速度的にうまくいくのか

成功するために、ひとりきりで頑張る必要はない

自分ひとりでできることには、ある程度の限界があります。

1日は24時間、1年は365日と決まっていて、どんなに頑張ってもそれ以上の時間を費やすことはできません。どれほどスピードや効率を上げたとしても、行けるところには限界というものがあります。

ここで考えてみてほしいのは、

「そもそも全部、ひとりだけで頑張らなくてはいけないのか?」

ということです。私は、そうとは思いません。

特に成功をつかむ、夢や願望を実現するということにおいて、「仲間」の力を借りるスキルはマストと言えるでしょう。そしてこれは、SNSが発達した高度情報化社会の現代においてこそ、より必要なものです。

ただ、ここで頼るのは仲間の労力ではなく、「長期記憶」や「短期記憶（=ワーキングメモリ）」。**仲間の脳にある「長期記憶」「短期記憶」は、あなたにとってとても**

大切な「外部記憶」となるのです。この仲間の持つ記憶装置が、あなたの成功を引き寄せるうえで、非常に重要な役割をします。

第1章〜第3章までは、主にどのように自分の脳を鍛えていくかということに焦点を当ててきましたが、この章では、いかに他の人、つまり、あなたにとっての外部記憶を味方につけていくかについて、お話しします。

人脈はなぜ大切なのか

第2章でも触れましたが、人脈、すなわち関係資産はとても大切です。これを否定する人はいないでしょう。

ひとりですべてを抱え込んで頑張るよりも、周りの力を有効活用できたほうが、あなた自身の負担も軽くなります。周りにいる人、新たに出会う人、古くからの知人、友人、親戚といった人脈から、自分の夢や目標に関連する有益な情報が手に入るかもしれない。また、あなたが広く世の中に知らしめたいことや、売り込みたいものが、人脈を介し、いわば「紹介」や「口コミ」という形で広がっていくこともある。

つまり、「良い人脈」を作ることで、成功を引き寄せる可能性は格段に高まるのです。

たとえば、あなたが新規オープンしたばかりの焼肉店の店主だったとします。一軒一軒ご近所を歩き回りチラシを投函する。毎日毎日ブログを更新したりメルマガを配信する。それも手でしょう。

でも、もし意気投合したお客様や懇意になった隣の精肉店の店長が一言、「ここの焼肉は本当におすすめだよ！」と、知り合いやお客様に紹介してくれて、勝手にお店を訪れる人が増えたなら……これほど効率的でうれしいことはないですね。あなたから売り込みに行かなくても、買い手の方からこちらに近づいてきてくれるのですから。

では、このような、いわゆる「口コミ」というものはどのようにして起こるのでしょうか？「うちの店を紹介してよ」とごり押ししたらいいのでしょうか。紹介した人に特典を付与するキャンペーンをすればいいのでしょうか？

キーワードは「ヒット」

口コミは、そもそも口コミをしてくれる人があるキーワードを聞いたとき、その商品や販売する人物のことを思い出してくれなければ起こりません。

インターネットの検索エンジンにキーワードを入力したら、関連する情報が引っ掛かるように、あなたの周囲の人たちの脳内の検索エンジンに、あなたがおすすめしたいものが引っ掛からなければ、口コミは起こらないわけです。

友だちから、「新宿駅の近くで美味しい焼肉屋さんって知ってる？」と聞かれたとき、その人の脳には「新宿駅」「美味しい」「焼肉屋さん」というキーワードが与えられます。短期記憶や長期記憶にアクセスし、脳の中で検索を開始するのです。

そのとき、頭の中で、条件に合い、かつ一番上にヒットした情報を、人は口にします。

「ああ、それだったら、西口を出て徒歩5分ぐらいのところに、おすすめの焼肉屋さんがあるよ。できたばかりの店だけど、安いしすごく美味しかった」

このように、**相手の頭の中で一番初めにあなたの情報が「ヒット」すればいい**のです。口コミは、何もビジネスに限った話ではありません。あなたの夢や願望についても、まったく同じ原理が働きます。

自分の夢や目標を実現させるために周りの人を味方につけたいのであれば、**その夢や目標に関するデータを自分のワーキングメモリに常駐させることはもちろん、周囲の人のワーキングメモリにも常駐させておく必要があるのです。**

それができれば、相手はあなたにとって有益な情報や新しい人脈を紹介してくれる「良い仲間」となることでしょう。

相手のワーキングメモリを味方につける

では、相手のワーキングメモリを味方につけるためにはどうすればいいか。

そのために必要なのが、やはりアウトプット。自分の夢や目標を相手に伝えること。

しかも、できるだけ具体的に、です。

たとえば、

「私は教育界のカリスマになりたい」

と周りに話している人がいます。これは確かにアウトプットです。

でもどうでしょう？　これを聞いただけで、

「そうか、あなたは教育界のカリスマになりたいのか。ちょうどいい人を知っているから紹介するよ！」

とはならないと思います。むしろ、

「あ、教育界のカリスマね。へえ……何ていうか、応援するね」

という、当たり障りのない回答しかできないでしょう。

なぜなら、「教育界のカリスマ」というビジョンが具体的でないから。その願望を聞かされた人にとって、**「この人にどう協力すれば、夢が叶うのか？」が、具体的に見えない**からです。

ではこれが、

「私は塾講師のカリスマを目指す。中学生向けに歌やダンスを取り入れた授業を行い、生徒のみなさんに勉強の楽しさを知ってもらいたいと思っている。そして、1年間で30人の生徒さんに劇的な変化や成績の改善を引き起こせるようにする。そのためには知名度だって上げなければならない。たとえばメディアに露出したり……」

と具体的な話となると、相手も「ああ、この人はこうなりたいのか」と納得がいきます。

ビジョンが具体的なので、その人の脳にも、具体的なキーワードが投げかけられます。「中学生の塾講師」「歌やダンスでの授業」「メディアに露出」などがそれです。もしその場ではアドバイスが思い浮かばなくても、後日、別の場でその人が偶然テレビ関係の仕事をしている人と会ったとき、

「誰か絵になるような、面白い活動をしている人はいないかなあ」

と言われて、急に脳の中で「ヒット」します。

「あ、そういえばこの前こんなおもしろい塾講師がいたんですよ！　学校の授業についていけない中学生を集め、歌やダンスなど、かなり変わった授業を行って成績アップにつなげる指導をしているようです。よかったら紹介しますよ」

彼に与えられていたキーワードが、「教育界のカリスマ」だけだったら、このようなことは起こらなかったでしょう。具体的に伝えることでチャンスは広がるのです。

①インパクト
②回数
③シンプルかつ具体的に

ぜひ、この3点を意識して相手に伝えるよう心がけましょう。

「良い仲間」を引き寄せる正しいプレゼン法

ただ、シンプルで具体的に伝えるというのは、言うは易しですが、実際には難しいと思う人がいるかもしれません。

ここで、夢の手助けをしてくれる「良い仲間」を引き寄せるための、正しいプレゼンテーション方法についても触れておきます。

プレゼンの際は、話しはじめる前にまず頭の中に「木」のイメージを持ちましょう。その「木」の最も太い「幹」の部分があなたにとっての目標です。そして「枝」は、それをどう叶えていくかというアクションプラン。「葉」はさらに具体的なレベルでの行動。ストーリーです。**プレゼンでは、この「幹」の部分から話していきます。**

相手があなたと同じくらいのレベルで、それが実現されたときの状態、つまり一本の木に花が咲いた状態を思い描けるよう、順序よく話していきましょう。

具体的に「幹」である「目標」について話すとき、注意すべきことが3つあります。

①達成したイメージを要素分解して表現する
②客観的な数字を使う
③否定語を使わない

①は、目標を「いつまでに」「誰と」「何を」「どこで」「いくら」といった要素に分解していくこと。「お金持ちになる」「株で一儲けする」といったものは、目標ではありません。「お金持ち」というものだったら、「3年以内に1億円」など、要素を分解します。これを怠ると、アバウトにしか伝わりません。しかも、もし達成できなかったときに、どこがダメだったのか、自分で見直し、反省することもできなくなるので要注意です。

②については、「3年以内」「1億」「ベスト8入り」など、とにかく数字を使うようにします。数字を入れることで、誰から見ても、それが本当に達成されたのか、客観的に評価できるようになります。

「良い仲間」を引き寄せるプレゼン法

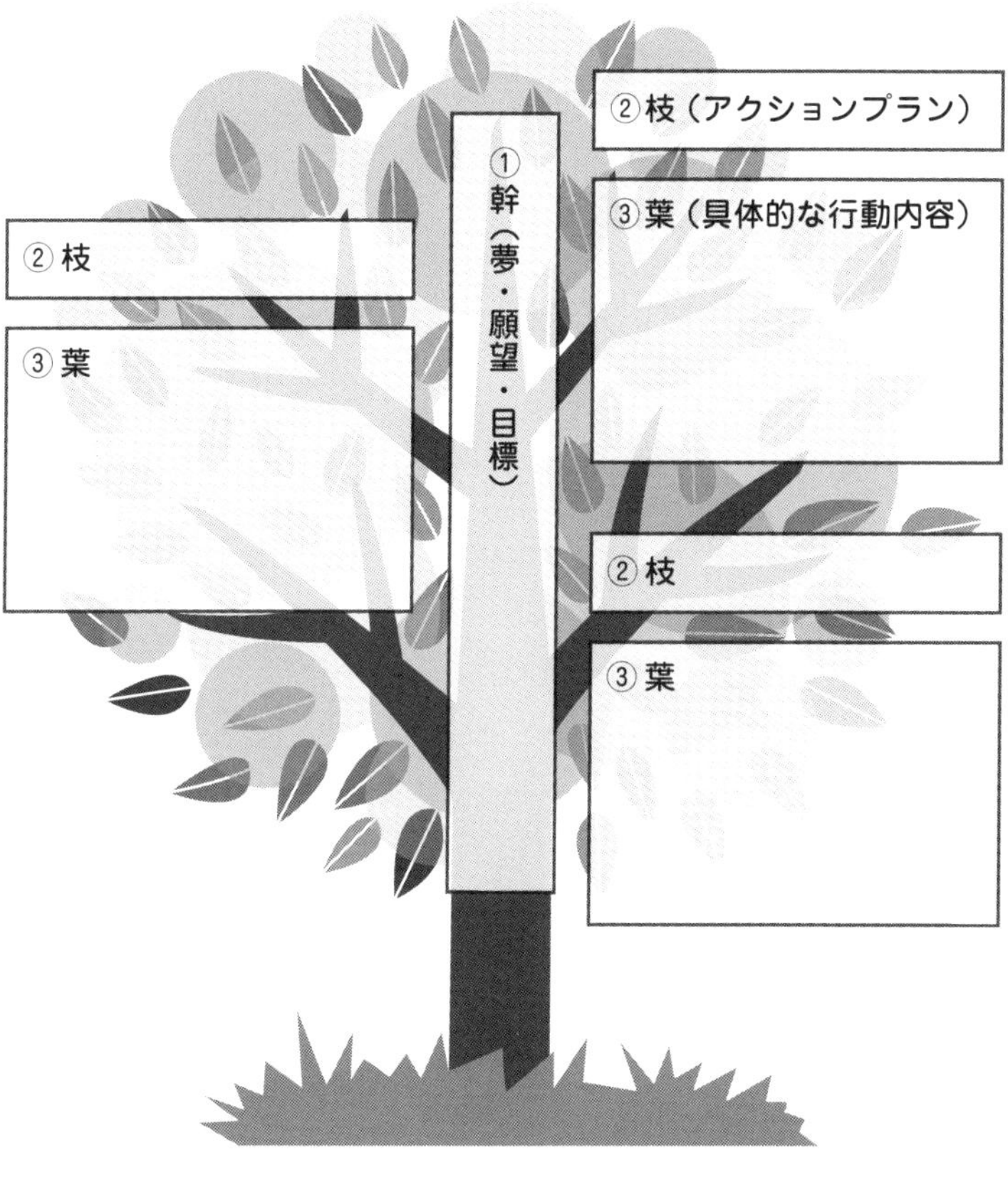

①幹→②枝→③葉の順番で伝えていく。

③の否定語は、使ってしまいがちなので特に注意しましょう。「残業をしない」とか「貧乏にはなりたくない」といった表現が該当します。目標で大切なのは、「どうならないか」ではなく「どうなるか」です。否定語はあなたの行動を抑制する方向に働いてしまいます。「○○しない」ではなく「○○する」という、具体的な行動に移しやすい目標を設定するようにしましょう。

「枝」や「葉」となるアクションプランについても基本は同じ。曖昧な表現は避けるようにし、客観的なデータに基づく数値表現で行動計画を立てましょう。

目標についてプレゼンするときは、次のテンプレートを覚えておくと便利です。

「私の目標（幹）は、いつまでに具体的にこのような状態になっていることです。そのためのアクションプラン（枝）は3つあります。1つ目は○○すること、2つ目は××すること、3つ目は△△することです。では、具体的にそれぞれの行動内容について説明していきましょう（葉）」

夢を語れることがなぜ大切なのか

夢を語るというのは非常に重要なことです。でも、多くの人にとって、「夢を語ること」は「恥ずかしいこと」なのではないでしょうか？

今日から、そのようなマインドはリセットしましょう。これは何も精神論の話ではありません。実際に夢を語ることで、あなたは圧倒的な成果を出せるようになるのですから。

「ピグマリオン効果」という心理効果をご存じでしょうか？

人は周囲から期待されればされるほど、それに見合った成果を出す傾向が強まるという心理的な効果のことです。夢や高い目標を公言することで周りから注目が集まり、期待されることによって、自分のポテンシャル以上の力を発揮できるようになります。期待に応えようとして頑張る、そのような経験は誰にだってあるはずです。

でも、おそらくみなさんは、これを知っても夢を口にできない。なぜか。

私はこのように考えます。**みんな、口にして、叶わなかったときが怖いのです。**

「あいつ、何々を目指すとか言っておきながら、結局やれていないよな」

このように言われるのが嫌なのです。

もちろん、言うだけで夢や高い目標に向かって何も行動していなかったら誹《そし》りはまぬかれないでしょう。でも仮に、あなたがその夢の実現のために本気で頑張って行動を起こしていたとします。そして、それでも宣言していた期限までに実現できなかったとしたら……。

ここで一度冷静に考えてみてください。これって周囲から非難されることですか？夢を叶えるために人脈を増やし、自己投資もした。金銭的な投資だって惜しまずした。積極的に自分の足で売り込みもしたし、仲間たちにも口コミで広めてもらった。でも実現できなかった。

夢を叶えるために行動したこの過程において、あなたは何か失いましたか？

「あんなヤツ、信頼できない」

「あいつの言うことなんか、二度と聞かない」

「あんなに大口叩いてたくせに叶わなかったなんてバカじゃない？」

そういうことを言う人は、確かにいるかもしれません。

でも、その人たちはあなたの人生にとって必要な人脈（＝関係資産）と言えますか？　言わせておけばいいのです。彼らはあなたにとって「良い仲間」ではないのですから。

大きな夢や高い目標が実現できなかったことで、自信を喪失する必要なんてまったくありません。プランを修正し、また挑めばいいだけです。

もちろん言っていることがすべて実現するわけではありません。でも、言わなければ、何も実現しません。

だから、大きな夢、高い目標を周りに向かって語りましょう。そしてちゃんと行動に移しましょう。そうすれば、周囲から「期待」というとてつもないエネルギーをもらうことができます。

もし、それで失敗したとしても、本当の仲間であればあなたを責めることは絶対にしないでしょう。

予防線を張らない

夢を語る際、気を付けたいことがもうひとつあります。

それは、無意識のうちに予防線を張ってしまうこと。これは、非常に多くの人が陥りがちな罠です。

ある結果が出たときに、自分が傷つくのを防ぎたいと思い、あらかじめハンディを背負っているかのように主張してしまう。これを**「セルフ・ハンディキャップ」**と呼びます。

学校のテスト期間をイメージしてもらえればわかりやすいでしょう。

「お前、勉強した？」

「いやあ、週末に法事があってさ、そのせいで全然勉強ができなかったんだよ」

「あ、お前も？　俺も急な予定が入ってまったく勉強できてないんだ」

よくある光景ですよね。でも、たいていの場合、こういう人たちはしっかりと勉強していることのほうが多いです。それなのに、

「勉強？　そんなの週末だけで10時間はしたよ」

とは答えないのです（そう答えたら逆に浮いてしまうでしょう）。セルフ・ハンディキャップの典型例と言えます。

うまくいかなかった場合に備え、前もってその言い訳や敗因を周囲の人に伝える。知らず知らずのうちに多くの人がやっています。

この予防線は非常に便利なものです。失敗したとしても、「だから言ったでしょう」と言えるし、成功したらしたで、「意外とうまくいきましたね」と期待以上の結果を主張できる。どちらに転んでも、自分は傷つかないわけです。

ただ、はっきり言います。予防線を張っている限り、自分が本当に手に入れたい成果は出せません。夢も目標も、実現しません。

言い訳を事前に用意することで、結果を出すための過程において、これまた無意識のうちに手を抜いてしまうのです。

周囲から期待されれば、いい成果を出しやすくなる。これを「ピグマリオン効果」と言いました。一方で、**「ゴーレム効果」**というものがあります。これは、周りに期待されないことで結果が落ちていく心理効果です。

事前に予防線を張るということは、自分にあまり期待しないでほしいという気持ちの表れでもあります。そういう人は結局、自分のポテンシャルを発揮できないまま終わってしまうことが多いです。

日本には「能ある鷹は爪を隠す」という言葉があるように、才能や実力を軽々しく見せつけないことを美徳とする風潮があります。そして、大きなことを公言せずにやってのけることが、かっこいいと評価されがちです。

ですが、それができる人なんてそうそういません。夢を語って相手を巻き込み、力を貸してもらいましょう。そうすることで、自分自身も奮い立たせていくのです。

自分が本気になったとき、その本気に動かされた人があなたの仲間

夢や目標を具体的に周囲の人に語り、仲間になってもらおうとするとき、当然ですが、あなたがどれだけ本気なのかも重要です。

人が本気になっているかどうかは、見ていればすぐにわかります。

「いついつまでに何とかしたい！」

「この現状を何とかしなきゃ！」

「こういうことしたいんだけど、何か情報知らない？」

なりふり構わず周りに聞いて回る。切羽詰まっている感じがしますね。

本気の人は、いつも以上に自己中心的に、わがままになります。追い詰められているので、何事に対しても躊躇しませんし、夢を実現させたいという衝動が抑えられなくなってしまうのです。

たとえば、川で遊んでいたとき、自分の子どもが流されたら、誰だって必死に救おうとするはず。迷わず川に飛び込むでしょうし、周りの人にも遠慮することなく、必死に助けを求めるでしょう。

「もう人生、投げ打ってでもいい」

「全財産を出してもいい」

それが態度にも行動にも表れる。極端な例かもしれませんが、これが本気というものです。そして、本気の気持ちは、間違いなく相手にも伝わります。

「絶対にこれを叶えたいんです！　何とか力を貸してくれませんか？」

こう言われたとき、**本気の気持ちに動かされて「何とかしてあげなきゃ」と思う人**

がいる。その人こそ、あなたの本当の仲間です。

中には、どんなに一生懸命お願いしても、相手にしてくれない人もいます。

「何そんなに熱くなってるの？」

「何だか必死だね。そんなに頑張らなくてもいいんじゃない？」

このように言ってくる人は、厳しい言い方をすれば、あなたが夢を叶えるという一点においては、不要な関係資産です。

今、成功をつかみたいと思っているあなたは、今、どれくらい本気ですか？

あなたの周りには、あなたの本気に動かされる仲間がどれくらいいますか？

本気で成功したいのであれば、あなたが少々わがままになっても、その言動を受け止めてくれる関係資産をしっかり築いていきましょう。

本気になれない人が本気を出す方法

ただ、「本気」って言われてもよくわからない、と言う人がいるでしょう。むしろ、自分で自分の気持ちを高められる人のほうが少ないかもしれません。

大丈夫です。なかなか本気になれない人が本気になるための簡単な方法は、存在します。

それは、コストを払う。これだけです。

ただし、ここでいうコストとは、**経済的コスト、時間的コスト、精神的コスト**の3つ。コストと聞くと、すぐに「お金」を連想する人がいますが、それ以外にも「結構時間をかけたな」と思える時間的コスト、「自分なりにすごく頑張った」と思える精神的コストがあります。これらも、自分に投資する際の重要なコストです。

これらのコストを先に投じてしまうのです。そうすると、最初は本気でなかったとしても、**「これだけコストをかけたのだから……」と、取り返したい気持ちになり、自然と本気になっていくのです。**

かけたコスト分くらいは「元を取らないと」と思うのが人の性《さが》。これを**「損失回避性効果」**と言います。何もしないと今よりも損失を被る状況になると、人は本気になりやすいのです。

荒業《あらわざ》ですが、どうも自分を奮い立たせることができない場合は、コストを無理やりにでもかけましょう。自己啓発セミナーに参加して、20万円、30万円払った、週末に

1回、6か月間セミナーに通った、苦手な人とのコミュニケーションも努力してやってのけた、となると、そのセミナー自体では成果は出ないかもしれませんが、「これだけお金も時間もかけたんだから真面目にやろう」という気にはなるはず。

わざとコストを投じて、自分を追い込むのもひとつの手なのです。

自己投資をやめるという発想はない

「自己啓発セミナーに一度参加したんだけど、成果が出ないのでやめました」

「あのダイエット方法、試してみたけど痩せられないし、もうやめました」

何事も途中でやめてしまう人は、本当に多い。志半ばで投げ出してしまうのです。

まず、世の中に一回だけで元が取れるものなんてなかなかない、ということを知りましょう。自己啓発セミナーに一回参加するだけで成功できれば、それこそみんな成功者になっているはず。継続することによって本気になるし、その最終的な成果として元が取れる、元以上のものが返ってくるのです。

もし会社に入ってそこで期待通りのお給料がもらえなかったら、普通、別の会社を探しますよね。働くこと自体をやめるという発想にはならないと思います。自分の子どもが、今通っている小学校の環境とどうしても合わない。そうなったら学校を変えればいい話で、学校自体に行かせることをやめたりはしないでしょう。

それと同じです。社会に出たら、**自己投資をやめるという選択肢はまず考えられないし、自己投資はし続けないといけない**のです。

どうしても本気になれない、続かないのだとしたら、きついと感じるくらいコストをかけてしまいましょう。

仕事で忙しい中、無理やり時間を費やさなければならない習い事をはじめる、毎日くたくただけど、あえてもっと労力が必要な資格の勉強をはじめる。

会社に入って、はじめは何となくやらなくてはと仕事をしていたのに、1年くらい続けるうちにどうせやるなら目標を達成しようと思いはじめ、そのうち会社の期待にも応えようと頑張り出す。目の前の仕事をこなしていくうちに、だんだん本気になっていく。そういうものです。

本気は、最初からなければいけないものではない。後からついてくるものであっても別にかまわないのです。

本気だからこそ「口コミ」は強い

あなたが本気になる。相手も本気に動かされる。そうなったとき、歯車がかみ合ったかのように、うまくいきはじめます。そこには利害関係はありません。叶えたいという思いと、それを応援したいという思いがあるだけです。こうなったとき、口コミは驚くほどの力を持って広がります。

でも、もしもそこに目先の利益や利害が絡んでくると、何かがおかしくなります。

「ここのジムすごくいいですよ！　紹介します」

「ありがとうございます！　でもどうして私におすすめしてくれたのですか？」

「誰かにおすすめすると、私の料金も安くなるんですよ。でも、もちろんあなたのためですよ！」

「……」

これは極端ですが、利害関係が入ると、話していてもどこか空々しく聞こえてしまうし、そういう空気はすぐに相手に伝わります。

逆に、焼肉好きの親友とばったり駅前で会って、

「そういえば、焼肉好きだったよね。駅前に新しくできた焼肉屋、安いし美味いよ！今度絶対行ってみて」

と話す。このとき、別にその焼肉店から何かもらえるわけではありません。その親友が焼肉好きだという情報が脳のワーキングメモリに入っていて、親友に会ったことでその情報が偶然ヒットしただけです。だからこそ、純粋におすすめしたくなる。自然に話が出てしまう。

これが、口コミの真髄です。

「できる範囲で頑張る」は本気か？

何かに本気で取り組んでいたら、当然のごとく、様々な問題に直面するでしょう。それを解決するために、人はその都度、必ず考えます。

でも、どれだけワーキングメモリや長期記憶を探っても答えが出てこない。夢や目標の話であればあるほど、そう簡単に答えは出ないもの。自分の過去の体験やこれま

で蓄積してきた知識では解決できないことのほうが多いのです。

でも、本気のあなたは、それでも何とか解決したい、実現したいと思うはず。そうしたらもう、できることはただひとつ。外部記憶に情報を取りにいく、これだけです。それも、精度の高い答えが見つかりそうなデータの格納場所へ。

ここで誰にも相談せずに、

「自分なりにやっています」

「自分のできる範囲で頑張っています」

と済ませているようでは、やはりそれは本気ではありません。

本気であるなら、答えを外部記憶に探しにいきます。ちゃんと自分の中に答えがないとわかっているからです。

でも、ただ外部記憶にアクセスすればよいかと言えば、そうではありません。実はここに、大きな落とし穴があります。

迷ったときほどその道のプロに質問する

わからないことがあったときに、あなたは誰に質問しようとするでしょう？　質問しやすい先輩、身近な友人、もしくはネット検索などを頼るかもしれませんね。

でも、これははっきり言ってNGです。

聞きやすい人やアクセスしやすい情報を参照することで、かえって正しい答えから遠ざかってしまうことを**「利用可能性ヒューリスティック」**と言います。

たとえば、残業を減らしたい、仕事を効率化したいと思ったときに、仲のいい同僚や他の職場にいる同窓生に、

「どうやったら残業は減るんだろう？」

「どうすれば効率化できるんだろう？」

と質問して、果たして的確な答えが返ってくるでしょうか。

「残業ほんと多いよな。だいたいあの部長さあ……」

「お前の会社も？　うちも周りのやつの仕事が遅くてさあ……」

と、いつの間にか愚痴大会になるのが関の山です。

「子どもが宿題をやらない」からとママ友に問題解決策を求めたり、「ダイエットがうまくいかない」と友人に相談したりする。これはどれも「利用可能性ヒューリステ

ィック」、気休めにはなるかもしれませんが、正しい答えにたどり着く可能性は極めて低いのです。

本気で問題を解決したいのなら、あえて聞きづらい人に聞く。残業なら残業問題を解消した経験のあるような、その道のプロに聞くのです。

それにはお金（＝経済的コスト）や労力（＝精神的コスト）がかかるかもしれません。勇気もいるでしょう。でも、本気であれば、コストも恥も気にならないもの。その道のプロに相談し、そうした人たちが書いた本を読み、セミナーを受講するなどするべきです。

有象無象の情報があふれる現代ですが、**本当に役に立つ価値のある情報ほど、コストゼロではなかなか手に入らないと心得ましょう。**

プロとアマの見分け方

では、プロと、プロでない、いわゆるアマチュアはどのように見分けたらいいのでしょうか？　私の中で、ある判断基準があります。

それは、**「私、それわかります」という一言を言うかどうか。**

アマチュアほど、何でもわかっているようなことを軽々しく口にし、どんな分野のことにも口出ししようとします。

しかも彼らは、

「こういうときは、こうするのが一番ですよ」

など、言い切りで答えることがとても多い。

「そうなんですか？」

と、いざ具体的な内容を聞くと、話の半分以上は個人の体験や経験に基づいていて、

「それはたまたまあなたのケースで成功しただけで、どんな人にでもマッチするものではないですよね……」

と、言いたくなるようなものばかり。

つまり、アマの答えには万人に通用する再現性がないのです。

その点、プロの人たちはその道を極めていますので、「これが一番」と言い切ることもしませんし、簡単に答えも出しません。

「あなたの現状を聞かせてください。その場合なら、こうするのが最も効果的かもし

れませんよ」

このように、**尋ねてくる人の状況や相談の内容に応じて、細かいアドバイスをしてくれます。プロだから、多種多様なケースが長期記憶に蓄積されているのです。**当然、漠とした内容ではなく具体的な指示を出してくれますから、とても頼りがいのある相談相手となってくれるでしょう。

そして、そうしたプロほど、別の分野のプロの人たちともつながりを持っています。分野やジャンルごとのピラミッドの頂点にいる人たちは、同じ階層の人同士で連携し、質の高い情報を融通し合っているものです。

プロとして究めた視点やモノの見方、解釈。たとえ分野は違ったとしても、情報としては同じような価値があるので、情報や意見の交換がしやすくなります。だからこそ、本当のプロのところには一流の情報がどんどん集まってくるし、良質な人脈も増えていく。**うまくいっている人ほど、加速度的にうまくいくのです。**

今、あなたは本気で成功したいのですよね。そのためにはピラミッドの頂点にある質の高い情報（＝外部記憶）が喉から手が出るほどにほしいはず。そこにアクセスするためのコストを、決して惜しんではいけません。

現代で成功するためには「任せる力」が必須

誰にだって長所と短所があるし、得意な分野とそうでもない分野がある。それはプロもアマも同じです。

苦手なことをコツコツと努力して克服することは立派だと思います。でも、高度情報化が進んだ現代においては、むしろ自分の長所や得意分野をどんどん伸ばしていくことに重きをおいたほうが、成功につながると私は考えます。

自分の不得意分野まですべて自分で頑張ることについては、一度真剣に、本当にその努力をすべきかを考えるべきでしょう。

何しろ、**自分がプロでない分野のことまでやるのは大きなストレスになるし、頑張った割に結果も出にくい。専門外の分野はコストをかけてでも、その道のプロに任せたほうがいいのです。**外部記憶にアクセスするときは、最初から一番詳しいであろうその道のプロを選択するようにしましょう。

「まずは友だちから聞いてみよう……」というような思考はショートカット。それにかかる時間もお金も労力ももったいない。**当然ですが、コストはかけるべきところに集中してかけるべき**なのです。

徹底して無駄なことはしない。このような思い切りの良さ、自分の短所を切り捨てる覚悟。いわば人を信じ、「任せる力」を身につけることが重要です。

自分には、自分にしかない、他人にはない長所がある。そこをしっかりと見極めていくべきです。それを見極めるという意味でも、自己投資はとても大切。自己投資を続けることで、どこに自分の伸び代があるのかがわかってくるのですから。

マイナスの言動を減らし、正しい行動を増やす

さて、このようなできる人、結果を出せる人は、コミュニケーション能力が高いとよく言われます。確かにうまくいっている人はみんな人脈が豊富ですから、そういった能力は重要な気がしますね。

だからといって、自分は口下手だからうまくいかないと嘆くのは見当違い。私は口下手がダメだなんてまったく思いません。

なぜなら、コミュニケーション能力とは、単に「喋る力」を指す言葉ではないから。むしろ、非言語の部分、その人が放つ空気感によって、相手を効果的に動かすことができるのです。

口下手であれば、喋りではなく、自分の放つ空気を良くすればいいだけ。

では、その人が醸し出す空気感や印象はどのように作られていくのでしょう？

私は、人が醸し出す「雰囲気」「印象」「個性」「キャラ」をまとめて、**「マイオーラ」**と呼んでいます。

「あの芸能人にはオーラがある」というときのオーラと違って、マイオーラは「その人らしさ」の「らしさ」の部分です。

「いかにも、アイツらしいふるまいだ」

「あそこであああいうことを言うなんて、彼女らしいね」

周囲からこんなリアクションをされることがあるでしょう。このとき、その人のマイオーラはわかりやすくハッキリしているということになります。

マイオーラには当然、第一印象も含まれますが、その人と付き合っていくうちに初めてわかる性格や特徴がありますよね。マイオーラにはそれも反映されます。つまり、初めて会ったときから、その人が他人とどのように関わってきたか、その歴史の集大成が、今あなたが身にまとっているマイオーラと言えるのです。

このマイオーラを良くする、つまり周囲からの見る目を良くするためにできることはふたつだけ。

「プラスの行動」を増やし、「マイナスの発言」を減らす。これだけです。

プラスの行動とは、毎朝早く出社する、帰宅前にデスク周りを整理整頓する、誰にでも挨拶する、仕事の期限を守る、決めたことを先送りせずにやる。つまり、当たり前のことを当たり前にやる行動のことです。このような「日頃の行い」がマイオーラをアップさせます。

対して、マイナスの発言とは、愚痴や不満などを含むネガティブな発言はもちろん、自分を良くみせようとする発言、アピールにまで及びます。

「私ばっかりやらされている気がするんだけど……」

「誰もやろうとしないので、私が片付けておきましたよ」

「あのプロジェクトを裏から支えたの、俺だから」

こういうアピールです。確かにそれは言わないとわからないことなので、言いたくなる気持ちはわかります。でも、こうした言動は、かえって周囲にマイナスの印象を与えます。

「良い誤解」をまねいて応援される

では、正しい行動を増やし、マイナスの言動を減らし、マイオーラが良くなることでどうなるか。

「彼女は本当に仕事がスピーディだ」

「いつも彼だけだよ、期限通りにやることをやってくれるのは」

このように、第三者があなたの頑張りを評価し、あなたにとってプラスの噂を広めてくれるようになります。そして、それはやがて**「良い誤解」**へとつながっていきます。

「もしかしたら、あのプロジェクトを成功に導いたのも、彼の支えがあったからかもしれないな。絶対に自分からは言わないタイプだけど、きっとそうだ」

「今回めずらしく遅刻してきたけど、体調悪かったのかな？」

あの人ならいつも真面目だから間違いない。こういうイメージが自然と出来上がるので、非常に立ち回りやすくなります。

他人の口から自分の印象をアピールしてもらうことのインパクトは絶大です。伝え聞いた人は、必ずあなたに向ける目を変えることでしょう。

こうやってあなた自身の「ブランド」が出来上がっていきます。ブランドは、いったん良いイメージが出来上がると、本当の実力は10なのに、周囲は15とか20の力と評価してくれるようになります。

そういう人の元には当然、良い仲間が引き寄せられます。「あの人は行動力がある」「あの人は若いのに頼りになる」「あの人は60歳を過ぎてもチャレンジ精神がスゴイ」などと、あなたのブランドの評判は口コミ的に広がり、さらに有益なネットワークが広まっていく。高い目標を設定し、粛々と行動しているから、周りはつい応援したくなるわけです。

人から**「応援される力」**。これもまた、成功者に必要なスキルなのでしょう。

第　5　章

「3つの記憶」で成功のお花畑を作る

――あなたにとって、本当の幸せとは何か

「目標は絶対に達成するもの」と思ったほうがラク？

「目標は、絶対に達成するものだ」

こういうことを言われると、暑苦しいだとか、時代錯誤だとか、ストイックだとか、体育会系のド根性物語のようなイメージを抱かれるかもしれません。正直、引いてしまう人もいることでしょう。

でも、私はこう考えます。目標、夢、願望……そういった類のものは、「絶対に達成するもの」と思ったほうがいい。むしろ、そう思うからこそ心に余裕が生まれ、精神的にもラクになるのだ、と。

なぜなら、この「絶対達成」という考え方は、「最低でも目標を達成すればいい」という考えであり、ストイックさとは無縁のものだから……。

さあ、みなさんきっと、何を言っているのかさっぱりでしょう。

なぜ、目標を絶対に達成するという考え方が心にゆとりを生むのか。

凝り固まったマインドを、これからリセットしていただきたいと思います。

点で考える「完璧主義者」

あなたに今、1億円の売上目標が課せられているとします。この1億円の目標は会社として当然達成しなければいけないものですし、あなたの査定にも響きます。

このとき、最もストイックに考えるのが「完璧主義」的な発想を持つ人、いわば**「完璧主義者」**です。

彼らは、1億円の目標に対し、「1億円ぴったり」で達成しようと考えます。しかも、かなりキッチリしている。効率重視です。なるべく無駄な努力は避け、最小限の苦労で達成したいと考えます。そのために過去の実績を調べたり、何パターンものプランを検討したり、ありとあらゆるノウハウを収集し、綿密なプランを立てるのです。

「完璧主義者」は、夢や願望の実現も同じように考えます。「成功」まで続くはしごが目の前に続いているとき、その一段一段を完璧に登ろうとする。一段一段、絶対に踏み外さないよう、安全かつ疲れない方法を探るのです。

一個一個の「点」を完璧にしようとするので、あれやこれやと吟味してからでない

と前に進めないのが彼らの特徴。試行錯誤する割に行動が遅く、結局期限までに達成できないことが多いです。

線で考える「達成主義者」

一方、「完璧主義者」とは対極の発想をする人がいます。

「目標1億円か。どうすれば達成できるかわからないけど、とりあえず可能性のありそうなことは全部やっておくか。どれかひとつくらいはうまくいくだろう」

おおざっぱで、一見したらかなり非効率な発想ですね。彼らはとりあえずこれくらいやれば「最低でも1億円は超えるだろう」と思いながら行動します。ぴったり1億円を目指すようなプランは考えないし、むしろプランを考えている時間が惜しいと思うので、とりあえず考え得る限りの手段を試していく。これこそが「最低でも目標を達成すればいい」という、「達成主義」的な発想です。

「達成主義者」とでも言うべき彼らにとって、目標は「通過点」にすぎません。今回の場合だと「1億円」が彼らにとって最低ライン。１００個試したうち、99個が失敗に終わっても、そのうちひとつが目標に届いていれば結果オーライなのです。

「達成主義者」にとって、現状と目標はしなやかな「線」でつながっています。彼らにとってゴールにたどり着くためのはしごはひとつではありません。たまに一段飛ばしで登ってみたり、別のはしごに飛び移ってみたり、試行錯誤します。考えるよりも先に動くので、行動に移すまでのスピードもすさまじい。一個一個の「点」にとらわれず、とにかくゴールまで線をつなぐことを考えるので、気づいたらいつの間にかゴールラインのはるか先まで線が飛び越えていた、なんてこともしばしばあります。

これが、目標を「通過点」ではなく「目指すもの」としてとらえる「完璧主義者」との大きな違いです。「完璧主義者」にとっては目標の1億円こそが満点。それを超えるという発想はありません。目標以上の労力は使いたくないのです。

両者は根本的に目標のとらえ方が違っています。

完璧主義者が陥る選択のパラドックス

完璧主義者は、とにかく目標まで最短距離で、しかも効率よく到達したいと考えます。

朝10時に人と会う約束があったら、10時ちょうどに到着したい。10分も15分も前に到着すると、損をしたという感覚を持ちます。

仕事で売上目標を課せられたときも100％を目指したい。110％や130％で達成すると、超えた分だけ頑張り損だったと思います。

必然的に、彼らは考えるようになります。

「できる限り少ない労力で、目標ぴったりに達成する手段はないか？」

ありとあらゆる手段を頭の中で検討するのです。

たとえば、手段Aと手段Bがあったとき、両方を比較すると、AにないＢ良さがBにあって、Bにない良さがAにある。どちらも捨てがたい。AとB、両方の良さを備えた手段はないだろうか。迷っているうちに、今度は新たにCというプランが浮上する。このとき、CがAとBの良さを兼ねていれば万事解決なのですが、ここで厄介なことが起こります。CにはAの良さがある。でも、Bの良さはない。

さあ、困りました。なんとかA、B、C、すべての良さを備えた完璧な手段はないものか……。こうやって、次第に、要求するもののハードルがどんどん上がっていき、ついには選べなくなる。これこそが、「選択のパラドックス」です。

完璧主義者の最大の欠点は、いちいち立ち止まって考え、納得してからでないと先に進めない点にあります。Aで失敗したらどうしよう、という恐れ。Cを実行した後で、Dというさらに素晴らしい手段が見つかったら損だという恐れ。

目標まで効率よく、最短距離でいくために考えていたはずが、思考にばかり時間がかかり、結局、遠回りになっていることが非常に多いのが特徴です。

どれだけ手段を考えても期限は待ってくれない

何事にも期限があります。あなたの目標も夢も願望も、いつか叶えばいいや、というものではないはずです（もしそれでいいと思っているとしたら、一生かかってもそのときは訪れないでしょう）。

どれだけ最善策を講じようと迷っていても、いつかは「えいや！」と行動に移さなければならないときが来るのです。時間は有限です、待ってはくれません。

今、時刻は午前9時。あるビジネスマンが東京にいます。一世一代の商談を控えた彼は、明日の夕方4時までにはニューヨークに着いていなければなりません。

彼は必死に考えます。どういう手段が最も早く、安く着けるだろうか、と。

「もちろん、飛行機で行くよな」

「待てよ。そういえばマイルを貯めていたから、なるべくマイルが貯まる飛行機会社を選んだほうが得だぞ」

「ここからだと成田のほうが近いけど、羽田から出ている格安チケットも気になる。でも直行便じゃないしなあ……」

「うーん、悩む……。よし、ネットでいろんな人の意見を聞いてみよう！」

迷っている間に、時間は刻々と過ぎていきます。いつまでも東京を出発できずにいる彼、こうして一世一代のチャンスは夢のかなたへ……。

「こんなバカなこと、あり得ない！」

そう思いましたか？

私だって、これほどまでにどうしようもない人はいないと思います。

でも、現実に目を向けると、多くの人が彼と同じように、ただ迷っているうちに、貴重な時間を無為に費やしています。しかも、夢や目標のことになればなるほど、です。

まだ機は熟していない、まだ準備期間だなどと考え、膨大な時間を思考に費やしてしまっている。理由は失敗したくないから、損したくないから……。

このニューヨークに着きたい彼がとるべきだった行動は、たったひとつ。

「マイルが貯まるとか、チケットが安いとか関係ないから、とにかく成田空港に向かい、ニューヨーク行のチケットが手に入ればそれを買って飛行機に飛び乗る」

これだけです。何時間かけてもいいから最善の移動手段を見つけなさいというのなら別ですが、明日の夕方4時というタイムリミットがあります。ここまでに彼は、「ニューヨークにいる」という状況を達成しないといけない。そうでなければ、チャンスはつかめない。だったらもう、夕方4時に着くように「何でもいいから行動する」しかないはずです。

ひょっとすると、遠回りの方法かもしれない、最善策ではないかもしれない。でも、それが目標であるならば、何が何でも達成すればいい。

これが「達成主義者」の発想です。

「探せば答えがありそうな気がしてしまう」現代特有の病

なぜ、完璧主義者はこんなにも迷ってしまうのでしょう。いや、完璧主義とはいかないまでも、大多数の人が夢や目標に向けて行動に移せずにいます。

これもやはり、高度情報化社会の弊害だと私は考えます。

書店にもネットにも、周りを見渡せばいたるところに、ノウハウや成功譚があふれかえっているのが現代です。ちょっと釣り糸をたらしただけで、ありとあらゆる情報がヒットします。玉石混交の様相です。

もっと深くまで糸をたらせばもっといいものが出てきそうだ。もっと自分に合った答えが見つかるかも。どれも魅力的で決められない。全部試してみたい。すべて比較検討してみないと気がすまない……。

言ってしまえば、きりがないのです。

全部よさそうに見えてしまうし、どれももっともらしい答えに見えてしまう。探せばベストなものが見つかりそうな気がしてしまうのです。

可能性を捨てきれない。だからこそ、完璧主義者ほど迷う。

はっきり言います。夢、願望、目標、これらを達成するための手段に正しい答えなどありません。絶対の解が存在する数学の問題とは違うのです。いろんな行き方があるのです。このマインドをリセットしない限り、成功はつかめないでしょう。

「絶対達成」がなぜ精神的な余裕を生むのか

だからこそ、達成主義者の、

「達成？　そんなの、すりゃいいんだろう？」

というアバウトな発想がときには必要なのです。

最初からごちゃごちゃ考えず、定められた目標と期限に対し、「難しいことはよくわからないので、とりあえず動きます」と宣言する。

１００点満点のテストで、合格点の80点ぴったりをとるのは難しい。どれだけ勉強すれば合格点に届くかわからないから、「とりあえず、最低でも80点を超えられるくらいには、しらみつぶしに参考書をやろう」と考えます。

朝10時の約束があったら、どんな順路や手段でも構わない、とにかく遅れないように着くことを考える。到着が9時でも、9時半でも、あまり気にせず、「早く着き過ぎちゃったけど、遅れなかったから、まあいいか」と開き直る。大ざっぱでいいのです。

結果に至るまでの行動はぴったりでなくていいし、計画も完璧を目指さない。**可能性の高そうなものからどんどん手を出していく。それで失敗しても、別に人生が終わるわけでも、世界がなくなるわけでもないのですから。**

「仕方ない。今度は別のやり方でやればいいや」と思うだけです。

こういう発想ができるからこそ、達成主義者は精神的にあまり追い詰められたりもしませんし、楽観的です。むしろ常に動いているから一喜一憂している暇もありません。

「10回やって10回失敗したら、今度は30回やってみればいい」

この**前向きさと大量行動こそ、達成主義者の精神的な余裕の秘密。**常に行動しているからこそ、結果的には完璧主義者よりも多くのことを成し遂げられるのです。

反射的に「できない」と言わない

では、完璧主義の人がこのような達成主義的な思考を身につけるにはどうすればいいのでしょう。実は、今すぐできることがあります。

それは、反射的に「できない」と言わないことです。

完璧主義者の人はどうしても、失敗のリスクを恐れます。達成できなかったときが怖いのです。

たとえば昨年度8000万円だった会社の売上目標が、今年度、1億円につり上がったとします。しかも社長いわく、「絶対達成だ」と。

昨年度の8000万円でさえギリギリだったのに、経営陣は何を考えているんだ！

1億と聞いた瞬間、このような不満が反射的に口から飛び出します。

「1億円なんて、いくわけがないですよ！　できません！」

過剰な反応です。

でも、ここで一呼吸置いて考えてみてください。

一瞬でもいいから、それを達成するために何ができるかを考えたか？

「そんなの無理です！」

「達成できないときだってあるんだ！」

「世の中に絶対なんてあり得ない！」

このような言葉は、条件反射で言っている場合がほとんどです。じゃあどうしてそこまで「絶対にできない」と言いきれるのか、その理由を聞いてみると、

「だって、うちの業界は特殊ですし、市況も悪いし……」

「他社ならまだしも、うちは違うし……」

このように「言い訳」をはじめます。「できない」と言ってしまったから、今度はその「できない」を「本当にできない」にするために、**後付けのもっともらしい理由を探すのです。私はこれを、「作話《さくわ》」と呼びます。**

こういう反射的な言葉が出てしまったとき、ぜひ振り返ってもらいたいことがあります。それは、一度でも自分の脳の「長期記憶」にアクセスしたかどうか、です。しかも、脳の「長期記憶」の深い部分までアクセスしたかどうか。そして、「長期記憶」にアクセスしてもめぼしいアイデアが見つからなかったとき、しかるべき「外部

「考えられない脳」の特徴

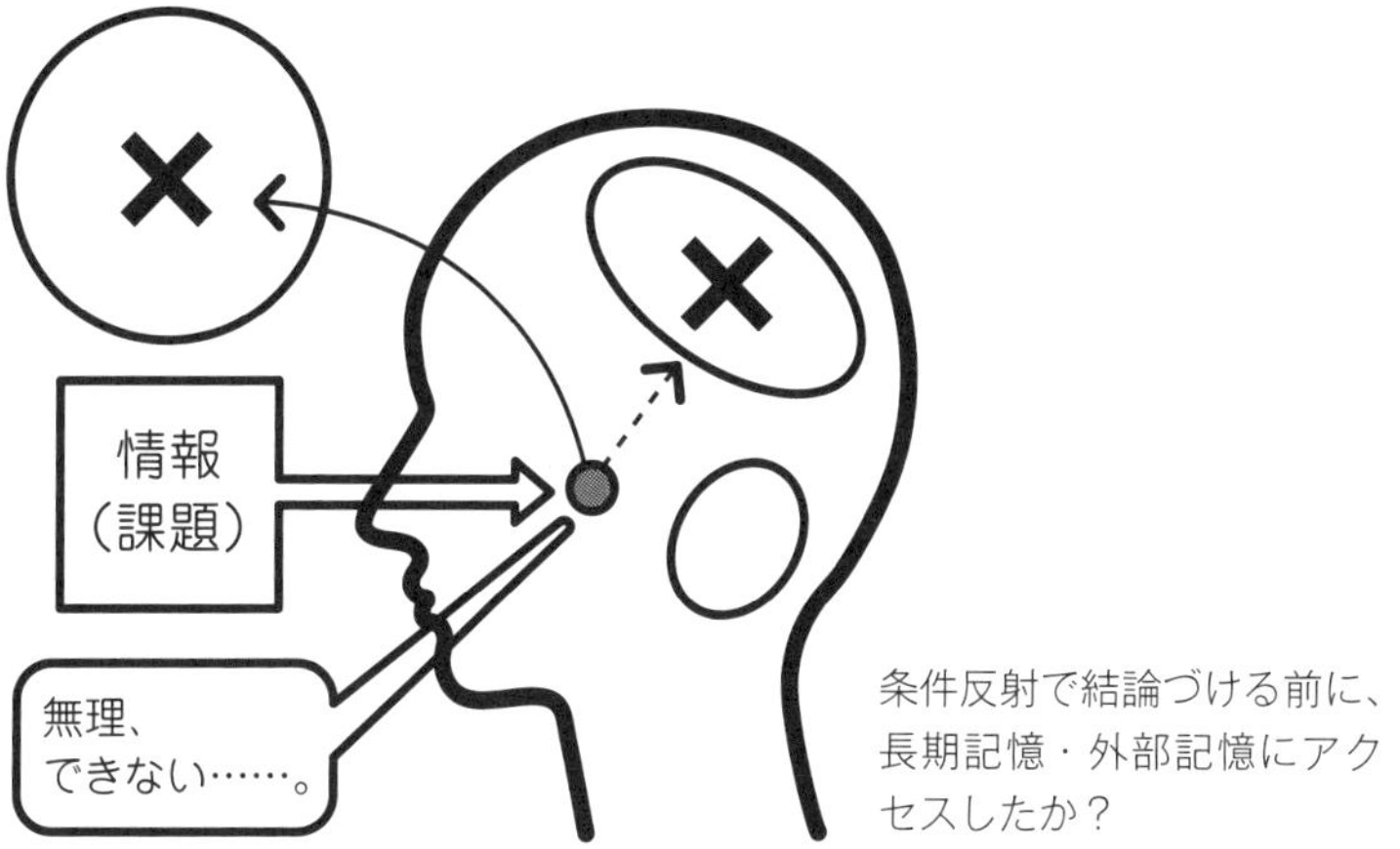

条件反射で結論づける前に、
長期記憶・外部記憶にアクセスしたか？

記憶」にアクセスしようとしたか、ということを。

条件反射的に「できない」「無理」と思い込んでしまう癖がある人は、考える習慣がない人です。考える習慣がないと、いざ本当に必要なときに、正しく考えることができません。普段、「長期記憶」にも「外部記憶」にもアクセスすることがないから、反射的に「そんなことできるわけがない。考えなくてもわかる」というような発想になってしまうのです。

考える習慣をすぐ身につけることは難しくても、「できない」「無理」というネガティブな発言は今すぐにでもなくせます。そうすることから、「長期記憶」にアクセスするきっかけは得られるようになるのです。

がむしゃらに大量行動することも必要

また、第3章で目標はなるべく高く設定したほうがいいと述べましたが、完璧主義者にはこれがまた難しい。なぜなら、過去の延長線上でしかものごとを考えられないため、頑張れば何とかなりそうな、工夫すればちょうど届きそうなラインしか設定できないのです。こんな高い目標は今までなかった、無理かもしれない。そのような「想定」できないことを恐れるのです。

そんな「想定」を、みなさんには打ち破っていってほしい。

想像もつかないような目標や夢を前にしたらひるむかもしれません。こんなのどうしたらいいんだと、途方にくれるかもしれません。

経験したこともない目標。達成した姿をイメージできないのも当然です。

自分が一度もパスしたことがない資格試験であれば、突破するため、どれくらいの準備が必要なのか。1日何時間勉強したら100%合格できるのか。そんなの、いくら考えてもわかりません。

だったらもう、はっきり言って、がむしゃらにやるしかない。思いつく限りのことを、できるところまでやるしかないのです。

「これぐらいがちょうどいい」と思える行動の、2〜3倍。いや、10〜20倍の量の行動計画を立てましょう。3〜4人の「良い仲間」と出会いたいと考えたら、30〜40人の素晴らしいプロとの接触を持ちましょう。専門知識を得たいのであれば1〜2冊の本を読むのではなく、10〜20冊読むのです。

正しい人脈を作った経験がない人は、5人、10人、15人……と会っていくうちに、どうやったら「良い仲間」と出会えるのかがわかってきます。本を読んで正しい知識を得る習慣がない人は、10冊、20冊と読んでいくうちに、「本から知識を得るということは、こういうことか」と理解します。

これが本来の「がむしゃら」の意味です。

過去に経験がない行動をするのであれば、どんなに事前に綿密な計画を立てても、1〜2回の行動だけで目的が達成されることはないでしょう。運や偶然に頼ることになります。

「がむしゃら」と聞くと、いかにも大変そうに思えるかもしれません。しかし完璧を目指そうとしてキッチリとした仮説や方法論を導き出そうとする時間や労力のコストまでを総合すると、**意外に大ざっぱなプランで、かつ、がむしゃらに大量行動をしたほうが、結果的には労力も時間もかからず、目標が未達成で終わるリスクも減るものです。**

それに、もし目標に届かなかったとしても、このような大量行動の過程で得た知識や経験は、今後間違いなくあなたの糧となります。

リスクに対して鈍感になれ

大量行動が習慣化されると、徐々に「リスク」に対して鈍感になっていきます。

あなたには**行動に裏付けられた知識と経験の蓄積**がある。このときはこうだったと、困難な場面に出くわしても、ちょっとやそっとのことでは動じなくなっていきます。冷静に物事を判断できるようになるのです。

人は目の前にリスクがあると、どうしても過敏な反応を示す傾向があります。これを**「リスク過敏バイアス」**と呼びます。自分がちょうどいいと考える行動計画の10～20倍の行動量をこなせと言われると、つい過剰な拒否反応を示してしまうのです。

しかし、大量行動するうちに、客観的にリスクの度合いを把握できる知識や経験が身についていくので、**何をどれくらい実施したとき、何%くらいの確率でそのリスクが顕在化するかが、直感的にわかるようになります。**常に最短距離でゴールを目指したいと考える完璧主義者には得られない経験です。こういった経験によって蓄積されたデータが「短期記憶」や「長期記憶」に貯まっていく。やがてリスクを恐れなくなり、どんどん高い目標を設定し、チャレンジする精神力が醸成されていく。

このような好循環を作り出していくことができるようになります。

過剰にリスクを恐れ、逃げ出すことなど、もうなくなるのです。

成功とは消去法の歴史そのもの

今日から、自分に対する評価の基準を切り替えましょう。

成功できる人は、決して自分を**「減点方式」**で評価しません。減点方式とは、最初から自分は100点持っていると考えて、うまくいかなかったらどんどん点数が減っていくと考える発想。だからこそ、リスクを冒せなくなり、チャレンジ精神も芽生えなくなるのです。

一方、果敢に挑戦し続ける成功者は、**「完全加点方式」**で自分を評価します。スタートは0点なのです。何も失うものなどない。うまくいったことがあれば加点するし、失敗しても、そこから得た経験を学びととらえて加点していける。マイナスが生じないので、「完全プラス思考」なのです。

むしろ、何もしなければ自分は0点のまま。それこそが自分にとってのいちばんのリスクだと考えますから、どんどんチャレンジしようと思うわけです。

「うまくいくかどうかわからないけど、やってみる価値はあること」

これをやっても無駄だととらえるか、いい経験になるととらえるかが、成功する人と成功できない人との、大きな分かれ目なのかもしれません。

さて、完全加点方式で考えられる人は、10回に1回成功したとき、その1回の成功もプラスだし、失敗した9回もプラスだと考えます。そうするとどうなるか。

行動を積み重ねるたびに、成功の精度が高まっていきます。膨大な試行錯誤から生まれた「うまくいかなかった体験」、これは貴重な財産です。この財産が自分資産を大きく成長させてくれます。

なぜこのときはうまくいって、このときはうまくいかなかったのか。「長期記憶」に蓄えられた過去のデータと比較し、検証できるので、うまくいかなかったやり方や経験を意図的に消去していけるわけです。

成功とは、あなたがどれだけ挑戦し、どれだけ失敗したか。その消去法の歴史そのものなのです。

究極はワーキングメモリさえも空っぽにすること

さて、これまでの章で述べてきた通り、成功を引き寄せるためには目標を意識し、ワーキングメモリに格納しておくことが重要です。

でも、実はその先があります。そして、それこそが成功するための本質とも言えるのです。

ワーキングメモリに常駐したデータは、そのままそこにとどまり、永遠に処理され続けるものでしょうか？　答えは、ノーです。

ワーキングメモリで常に処理され続けたデータはやがて、そこから消えていきます。いえ、消えるというより、「体が覚えてしまう」のです。

たとえば、朝起きたり、夜寝る前に歯を磨きますよね。ここでひとつ質問です。

「どうして朝起きたり、夜寝る前に歯を磨くのですか？」

これ、聞かれるとちょっと困りますよね。

「いや。どうしてと言われても……そういうものだし」

朝と夜に歯を磨くことは、いちいち考えてやっているわけではありません。完全に習慣になっています。考えなくても体が動くのです。

要はこれと同じ。目標を達成することが当たり前であると意識し続けると、体もそれを前提に行動しはじめます。やがて考えなくても体が動くようになり、習慣化されていくのです。

「どうして目標を絶対に達成しないといけないのかって言われても……そういうものでしょ？　達成しないと気持ち悪いもん」

こうなります。

だから、**本当に成功している人、うまくいっている人は、それが当たり前になってしまっているから、どうして自分がうまくいっているのか、自分ではわからない。**とうの昔に体が覚えてしまっているから、もはや理屈ではなくなっているのです。

大相撲の勝利インタビューで横綱を倒した力士にこう尋ねたとします。

「今日はどうやって攻めようと思ったのですか？」

力士はハアハアと息を切らしながら、答えます。

「体が勝手に動きました」

そういうものなのです。

「いやあ、相手がこうきたら、こっちに回り込んで、こう投げようかなと考えていたのですが、ドンピシャでうまくいきましたね」

こんな風に答える力士は、まずいないでしょう。そんなことを意識していたら、考えている間に押し出されてしまっていたはずですから。

その力士の勝利は、彼が日々大量に行ってきた稽古の賜物《たまもの》。考えなくても勝てるよう、体が最適な行動をとったのです。

うまくいっている人には「4つ目の記憶」がある

自分の夢や目標に関して、「今はこれをやらなければいけない」とすらすらと出てくる。この状態はワーキングメモリにしっかり夢や目標に関するデータが常駐している証拠です。

これが習慣としてできるようになってくると、もはや意識すらしなくなります。なぜなら、意識しなくてもできるように、体が勝手に動くから。これが、データが体中にしみわたり、ワーキングメモリが空になっている状態です。

こう考えると、**うまくいっている人、多くの成功を引き寄せている人のワーキングメモリはいつも「空き」がある**と言えます。

これはつまり、新しいデータが入る余地があるということ。だからこそ、うまくいっている人ほど新しいことを次から次へと吸収し、挑戦できるのです。

新たなことにチャレンジすると、新しい目標のデータがワーキングメモリにインプットされ、処理されていきます。処理していくうちに、そのデータもまた体の中に入っていき、ワーキングメモリに空きができる。そうしたらまた別の何かにチャレンジすることできる……。まさに体そのものが**「4つ目の記憶装置」**として、大きな力を発揮していると言えます。

うまくいっている人は、こうしてどんどん次のステージにいけるし、上のステップに進むことができます。成功のループが出来上がっているからです。

これこそが、「3つの記憶」の究極の活用法なのです。

点と線で考える本当の「幸せ」とは

さて、この本ではいかに夢を叶えるか、願望を実現するか、目標を達成するか、ということについて、「3つの記憶」を軸に語ってきました。

でも、最後に、みなさんに改めて考えてほしいことがあります。

それは、「夢を叶えれば、本当に幸せになれるのかどうか」です。

夢や願望が実現したら幸せ、目標が達成されたら幸せ。

無条件にそう考えている人は結構いるのではないでしょうか。でも、ここでもう一度立ち止まって考えてほしいのです。

もしかしたら、夢、願望、目標と、「今、自分が幸せであるかどうか」は別の話なのではないか。「夢が叶わない＝不幸せ」ではないのでは？　と。

ある少年がいました。彼の夢はプロ野球選手になることでした。毎日毎日、クラブチームでの練習に明け暮れ、必死に自主練習にも励みました。

そんな彼も年をとり、今や45歳。商社で営業マンをしています。休みには一人息子と野球観戦に出かけたり、公園でキャッチボールをしたりして、奥さんはその様子をそばで見守りながら、あたたかく微笑んでいます。

ある晩、彼はふと考えました。

「そういえば俺、昔はプロ野球選手になりたかったんだよな……」

でも彼はもう45歳。今からプロを目指しても、現実的には無理でしょう。

さあ、あなたは、夢を叶えられなかった彼の人生を不幸だと思いますか？

私は、必ずしもそうだとは思いません。

私は、夢や目標は「点」で、幸せは「線」であると考えています。

「点」は瞬間の時々です。今現在という瞬間も「点」だし、夢が実現した瞬間、目標を達成した瞬間も「点」です。

私は、人はこの「点」だけでは幸せになれない、と考えます。

では、幸せとは何か？　**幸せは、これらの「点」と「点」を一本の「線」につないでいくこと**なのではないでしょうか。

夢が大きければ大きいほど、目標が高ければ高いほど、現在という「点」と、それが実現された未来という「点」との距離は長くなります。この「点」と「点」を結びながら、実現に向けて進んでいくこと。その「線」を引きながら歩いているときこそが、幸せなのではないか。

無理そうだ、難しそうだ。そう思える夢や目標に向かって「線」を引くのは大変です。だからその距離を埋めるために、間にいくつも新しい「点」を打っていきます。まずはこれをやろう。1年後にはここまで進もう。近い目標を定めて、着々と進んでいくのです。この過程において、「快」の感情を司る神経伝達物質ドーパミンが分泌されます。

ゲームはクリアするプロセスが楽しい。プラモデルも完成させるまでの工程が楽しい。つまり、夢を叶える、目標を達成する瞬間ではなく、**それを叶えようとする、達**

成しようするプロセスこそが「幸せ」そのもの。それこそがやりがい。その線そのものが、幸せの証なのです。

ここは本書における最も重要な箇所ですので、もう一度繰り返します。

夢が叶った瞬間、目標を達成させた瞬間ではなく、そこへと向かうプロセスこそが幸せそのもの。ですから、**夢を叶えたい、願望を実現したい、目標を達成させたいと本気で考えた、今、この瞬間から誰もが幸せになれるのです。**

成功することと幸せは、決してイコールではありません。

最初から「どうせ無理だろう」「実現するわけがない」と諦めている人は、現在という「点」から動けない人です。「線」を引く勇気がない。当然、成功もできません。それ以前に、幸せになれません。

もちろん、今はまだ夢が叶っていない、目標を達成していないという状態でも、おおいに結構。自分に失望する必要はありません。

夢や目標に向かって諦めることなく努力していけば、幸せの「線」は、未来へと引いていけるのですから。

人生の豊かさは記憶の引き出し方次第

記憶には引き出し方があります。

たとえば、「5個の良いこと」と「8個の悪いこと」がある。

そのとき、8個の悪いことばかりを記憶から引き出していれば、「自分の人生には悪いことしか起こらない」と思い込み、何に対しても否定的で後ろ向きの、ネガティブシンキングになっていきます。

逆に、5個の良いことばかりを記憶から引き出せる人は「自分の人生には良いことばかりが起こる」と受け止めます。いつも物事を肯定的にとらえ、前向きなポジティブシンキングになっていきます。

それができれば苦労しない? おっしゃるとおりです。なぜなら人の脳にとっては、良いことよりも悪いことのほうがインパクトが強く、記憶に残りやすいのですから。

このように利得よりも損失を大きく受け止める人間の性質を、行動経済学では「プロスペクト理論」と言います。

ということは、記憶の引き出しの中に、良いことと悪いことがほぼ同数で存在したとすると、ほとんどの人が、

「悪いことのほうが多い」

「全然、良いことがない」

と思ってしまうということ。悪いことに対する過剰な反応が、記憶の引き出し方を歪めてしまっているわけです。

この偏りや歪みを補正し、メンテナンスしていくにはどうすればいいか？

簡単です。**「良いこと」を圧倒的に増やせばいい。**

「悪いこと」が8個あったとしても、「良いこと」が100個も500個もあれば、8個ぐらいの「悪いこと」など気にも留めなくなります。それでは、どうやったら、それだけの量の「良いこと」を手に入れることができるのでしょうか。

日常の当たり前に存在するモノやコトを、決して当たり前でないものだと、良いことなんだと受け止める。これだけでいい。こうすることで、誰でも「良いこと」を爆発的に増やすことができます。

朝起きて学校や職場に出かけられること、1人でも友人がいること、帰ったらただ

いまを言ってくれる家族がいること、呼吸ができること……。

そうした当たり前の光景を、「良いこと」だと受け止める。

よく言われることですが、「当たり前」の反意語は「ありがたい（有り難い）」です。当たり前の日常では、どうしてもありがたさを感じなくなりがちです。それを意識的に見つめ直す。再評価してあげる。悪いことが多いなら、良いと思えること、ありがたいことを大量に増やしてあげればいいのです。

毎日、当たり前のことをメモとして書き出し、改めて「ありがたい」と認識することで、記憶の引き出し方の偏りを修正できます。

そうすれば、無駄に後ろ向きになることはなくなるはずです。

「成功のお花畑」を作る中心にあなたがなる

さあ、いよいよ本書で説明してきた「3つの記憶」の総括に入りたいと思います。

最後にイメージしてもらいたいのは、「成功のお花畑」です。

自分が実現したい夢や目標があったとき、まずはアウトプットすることが大切だと言いました。目の前にあるメモには、あなたの夢や目標が書かれているはずです。それはあなたの外部記憶であり、成功の「種」とも言えます。

次にあなたは、そのメモを見ずとも、考えれば自分の夢や目標を口に出せるようになりましたね。それが、長期記憶にそのデータが転送された合図。あなたの脳という「土壌」に、種が蒔《ま》かれた瞬間です。

あなたはその夢や願望、目標を何度も口にします。それを叶えるために様々な自己投資をし、自分資産や関係資産を築いていきます。**種に「水」をやり続ける**のです。次第に、その夢や目標は長期記憶からワーキングメモリへと転送され、常駐し、意識されるようになります。種から「芽」が出て、すくすくと育ちはじめる合図です。

このとき、その芽の成長エネルギーが内側からみなぎり出します。これが意欲や熱意、いわゆる本気です。この芽を咲かせるため、あなたは水や栄養（夢や目標に関する情報）を貪欲に吸収していくことでしょう。

ときには「無理に決まっている」「現実はそう甘くない」というノイズが自分の頭の中から聞こえるでしょう。ときには「現実をもっと見ろ」「世間知らずだ」と、周囲からノイズが聞こえることもあるでしょう。成長を妨げる「害虫」が世の中にはたくさん存在するのです。

その害虫対策として、あなたは周囲の人にも自分の夢を語ります。夢がつぶれてしまわないよう、力を貸してもらえるよう、**花が開く確率を少しでも上げるために、周りの人のワーキングメモリにも種を蒔いていく**のです。

こうしていつかその絶え間ない努力は報われ、花が開きます。**「成功の花」**が咲くのです。協力してくれた人たちも幸せそう。あなたはついにやりきりました。

でも、その一輪に満足してはいけません。さらに多くの花を咲かせるために挑戦を続けましょう。同時に、かつてのあなたと同じように夢に向かって努力している人が花を咲かせるために手を貸してあげてください。いわば、**花と花を飛び交う「ミツバチ」になる**のです。

こうして、**あなたを中心に「成功のお花畑」は広がっていきます。**

見渡せば、たくさんの花が咲き乱れています。その一輪一輪が未来に向かって線を引き、挑戦し続ける力強さをたたえた花です。

それはとても、美しく幸せな光景な気がしますね。

さあ、あなたはこれから何を目指し、つかみ取ろうとしますか？
あなたにとっての成功とは、幸せとは何でしょうか。
最後にもう一度だけ、自分の脳で考えてみてください。

エ ピ ロ ー グ

動き出さない人に
成功も奇跡も訪れない

「ありがとう」を1万回言うと、幸せになれる。

「ありがとう」を5万回唱えると、奇跡が起こる。


こんな話を聞いたことがありませんか？

これは小林正観《せいかん》氏の書籍で紹介された話です。

2万5千回を過ぎると涙があふれ出し、5万回を超えると奇跡が起きる。

ただし、不平不満、愚痴を言うと、回数はリセットされてしまう。

本当かよ。そんなことで奇跡が起きたら苦労はしないよ。

ほとんどの人は、そう思うはずです。

ただ、この話は、奇跡が起こるか起こらないか、つまり1か0かの二元論で片付けていいものではありません。

実際、1万回も、5万回も「ありがとう」を言い続けたら、奇跡が起こる可能性は本当に高まるのではないかと、私は考えています。

だって、**そもそも1万回も、5万回も、「ありがとう」と言い続けられますか？**

正直言って、尋常じゃないことです。とてつもない意志の強さと忍耐がなければ到底できることではないでしょう。

別に5万回言うために特別な才能もスキルも、ましてお金も必要ありません。でも、たいていの人はそれができない。

なぜか。とんでもなく面倒臭いし、そんなのバカらしいと思うから。

だから、仮にもしこれができたとしたら、**それを言い切った事実そのものが、もはや奇跡的な出来事です。**

別に、5万回言い終わって家の外に出たら100万円の札束が置いてあったとか、1億円の宝くじが当たったとか、生涯を共にするパートナーと巡り合えただとか……そんなわかりやすい、俗っぽい奇跡が起こるとは思えません。

でも、少なくとも、これまでなかなか一歩踏み出せずにいた自分が、やったこともないようなことにチャレンジできた、後ろ向きな考えですぐに諦めてしまっていた自分が、一回でも何かやり切ることができた。

これは、ひとつの奇跡的な出来事、成功体験ではないでしょうか?

何が幸せかを決めるのも自分。何が奇跡かを決めるのも自分です。

いずれにせよ、**はなから奇跡など起こるはずがないと思い込み、何もしない人に、奇跡など起こせるはずもありません。**

あなたにも、同じことが言えます。

あなたは動き出せる人ですか、それともとどまり続ける人ですか?

あなたがこの本を閉じた瞬間、一歩でも外に向けて足を踏み出してくれたなら、著者として、これほどうれしいことはありません。

巻末特典

成功を習慣化する「3つの記憶」メモ

●記入するうえでの注意点

①「大量アイデア用メモ」に何も見ずに、とにかく大量に書く

何らかの資料や、過去に書いたメモを参照しながら書くのは絶対にやめましょう。外部記憶からではなく、脳の長期記憶からワーキングメモリに直接データを転送するよう意識するのです。間違っても構いません。10枚以上は書くつもりでやってみましょう。

(P. 23～26、104～111参照)

②テイクオフできる、高い目標を書く

到底無理だろう、かなり真剣に考えないとさすがに届かない、という目標を掲げます。

(P. 111～118参照)

③「大量アイデア整理用メモ」を使ってメモを整理する

以下の注意点をチェックしながら、メモをまとめていきます。
(※注意点を頭に入れながら大量にメモ書きしないようにします)
①達成したイメージを要素分解し、具体的に表現する。
②客観的な数字を使うようにする。
③否定語を使わないようにする。

(P. 127～130参照)

④「ワーキングメモリ転送用メモ」に転記する

整理したメモの内容を幹・枝・葉に分解して書き込んでいきます。
①幹はあなたの夢・願望・目標。
②枝は①を叶えるためのアクションプラン。
③葉は②の具体的な行動内容です。

(P. 28～29、127～130参照)

※「大量アイデア用メモ」「大量アイデア整理用メモ」「ワーキングメモリ転送用メモ」は必要に応じ、コピーするなどして活用していきましょう。

●大量アイデア用メモ

□過去の自分にとらわれずに書いたか。
□テイクオフできる高い目標を掲げているか。

●大量アイデア整理用メモ

□具体的な表現をしているか。
□客観的な数字を使っているか。
□否定語を使っていないか。

●ワーキングメモリ転送用メモ

<table>
<tr><td rowspan="6">幹</td><td>枝</td></tr>
<tr><td>葉</td></tr>
<tr><td>枝</td></tr>
<tr><td>葉</td></tr>
<tr><td>枝</td></tr>
<tr><td>葉</td></tr>
</table>

横山信弘
（よこやま・のぶひろ）


株式会社アタックス・セールス・アソシエイツ代表取締役社長。

1969年、名古屋市生まれ。24歳から青年海外協力隊に参加した後、日立製作所に入社。もともと奔放で大ざっぱな性格であったがゆえに、日本の会社員生活、完璧を求められるシステムエンジニアとしての職種に馴れず、精神的なストレスに長年悩む。35歳で退社後、コンサルティング会社に入社。その後、目標の2倍の“予材”を積み上げて目標を絶対達成させるという「予材管理」と呼ばれるマネジメント手法を開発。大ざっぱではあるものの、わかりやすいメッセージが爆発的にウケ、NTTドコモ等の大企業から中小企業にいたるまで「予材管理」を採用する企業が続出。3大メガバンク、野村證券等でも実績がある。企業研修は基本的に価格がつけられず「時価」。にもかかわらず、研修依頼はあとを絶たない。常に8か月先まで予約が埋まっている。

現場でのコンサルティング支援を続けながらも、年間100回以上の講演実績を6年以上継続。メルマガは企業経営者や管理者を中心に3万人以上が購読。日経ビジネスオンライン、Yahoo!ニュースのコラムは年間2000万以上のPVを記録する。

全国をネット中継するモンスター朝会「絶対達成社長の会」は、東京、名古屋、大阪、福岡、静岡で展開し、“絶対達成”をスローガンにした起業家や若手経営者を500名以上動員する。ベストセラー『絶対達成する部下の育て方』『絶対達成マインドのつくり方』『空気で人を動かす』をはじめ、ほとんどの著書が翻訳化され、韓国、台湾、中国で発売されている。

成功を習慣化する3つの記憶

2016年3月3日　第1刷発行

著者　横山信弘

発行者　奥村傳
編集　天野潤平
発行所　株式会社 ポプラ社
〒160-8565　東京都新宿区大京町22-1
電 話　03-3357-2212（営業）
03-3357-2305（編集）
振 替　00140-3-149271
一般書編集局ホームページ　http://www.webasta.jp/

印刷・製本　中央精版印刷株式会社

N.D.C.159/199 P /19cm　ISBN978-4-591-14938-6